开启元宇宙之门：外语教学的虚拟现实创新与实践

陈毅萍　张震宇　著

Opening the Door to the Metaverse: Innovation and Practice of Virtual Reality in Foreign Language Teaching

重庆大学出版社

图书在版编目(CIP)数据

开启元宇宙之门：外语教学的虚拟现实创新与实践 / 陈毅萍，张震宇著．-- 重庆：重庆大学出版社，2024.9

ISBN 978-7-5689-4524-0

Ⅰ．①开… Ⅱ．①陈… ②张… Ⅲ．①信息经济 Ⅳ．①F49

中国国家版本馆 CIP 数据核字(2024)第 112254 号

开启元宇宙之门：
外语教学的虚拟现实创新与实践

陈毅萍　张震宇　著

责任编辑：牟　妮　　版式设计：牟　妮

责任校对：王　倩　　责任印制：赵　晟

*

重庆大学出版社出版发行

出版人：陈晓阳

社址：重庆市沙坪坝区大学城西路 21 号

邮编：401331

电话：(023)88617190　88617185(中小学)

传真：(023)88617186　88617166

网址：http://www.cqup.com.cn

邮箱：fxk@cqup.com.cn(营销中心)

全国新华书店经销

POD：重庆新生代彩印技术有限公司

*

开本：720mm×1020mm　1/16　印张：14.25　字数：207 千

2024 年 9 月第 1 版　2024 年 9 月第 1 次印刷

ISBN 978-7-5689-4524-0　定价：60.00 元

目 录

第一章

元宇宙与外语教学的交汇

在虚拟与现实的交汇处，一个新的学习领域正在崭露头角，它将我们带入了一个前所未有的数字化学习世界。正如威廉·巴特勒·叶芝(William Butler Yeats)所言，教育不是灌满一桶水，而是点燃思想的火焰(“Education is not the filling of a pail, but the lighting of a fire.”)。而今，这把点燃学习激情的火焰正闪耀于元宇宙的边界。

随着科技的飞速发展，元宇宙已成为数字时代的一颗新星。元宇宙是一个在线数字空间，与现实世界平行存在，构成一种数字身份参与的虚实融合的三元世界数字社会(吴江等，2022)，它融合了虚拟与现实，将人们带入一个充满可能性的虚拟环境，并在此以前所未有的方式进行探索、创造和学习。在这引人入胜的情境下，外语教学领域也正逐渐融入这一潮流，一些学者也开始尝试探索如何将元宇宙融入语言学习过程中。

在这里，我们将带你踏上探索之旅，推开元宇宙之门，窥见元宇宙如何与外语教学相交汇。我们将探讨元宇宙的概念、特点，以及它如何为外语学习带来前所未有的机遇。同时，我们也将揭示在这一未知领域中外语教学可能面临的问题与挑战。让我们共同穿越虚拟与现实的界限，发现元宇宙为外语教学带来的奇妙可能性。本章末尾还将呈现全书的结构和内容，为你提供一个整体的导引，使你能够更好地理解本书的主题和目标，建立对元宇宙与外语教学关系的基本认识，为后续章节的深入探讨做好准备。

第一节
元宇宙：数字时代的新概念

教育部在《2022年工作要点》中明确提出了"实施教育数字化战略行动"的目标，国务院在2023年2月27日印发的《数字中国建设整体布局规划》中提到：建设数字中国是数字时代推进中国式现代化的重要引擎，是构筑国家竞争新优势的有力支撑。在数字化浪潮下，教育领域正在经历着前所未有的冲击，信息技术的迅猛发展催生了全新的教学模式和学习环境，将传统教育方式推向了一个崭新的领域，变革与创新的需求日益凸显。元宇宙，这个作为虚拟现实与现实世界相融合而诞生的全新概念，正逐步成为引领教育创新的一股新动力，也为外语教学带来了崭新的机遇和挑战。

元宇宙的概念可以追溯到早期的虚拟现实技术。虚拟现实技术起初被应用于军事、医疗和航空航天领域，用以开展训练、手术和飞行模拟等，从而提高人员的专业技能和决策能力，降低风险和成本。这些应用奠定了虚拟现实技术在各行各业中的发展基础。随着虚拟现实技术的不断发展和互联网的普及，人们开始体验到数字技术所带来的便利和乐趣，他们对于更加丰富和多样化的数字体验的需求不断增加，对于超越现实世界的渴望也逐渐增长，希望用数字化的方式去创造和探索一个全新的世界。

为了满足这一需求，互联网巨头纷纷投入元宇宙技术的研发，将虚拟现实（Virtual Reality，VR）、增强现实（Augmented Reality，AR）、人工智能（Artificial Intelligence，AI）和区块链（Blockchain）等技术相结合，创造出一个更加真实、互动和开放的数字化空间。以VR技术为例，它可以通过头戴式显示器和手柄等设备创造出身临其境的感受，让用户置身于一个在计算机系统及传感器技术支持下实现的可交互的虚拟世界(张枝实，2017)。而AR通过VR技术，借助摄像设备和角度位置判别，将文字、图像、3D对象等多媒体信息融合在同一屏幕上，实现虚拟世界和真实世界的无缝连接(王辞晓等，2017)。VR/AR技术从特殊行业，如军事应用等发展到广泛进入教育领域，创造了具有独特规律和价值的虚拟教学空间。学习者需求、技术开发、市场运作共同构成VR/AR的文化基础，不仅为学生提供了娱乐，更注入越来越多的教育内涵，尤其在自然科学领域展现出趣味性、直观性和艺术性。VR/AR成为意识形态的载体，具有重要的教学传递功能。其教育理念打破传统，通过技术创新和空间转换使人们对教学内容获得深刻理解，创造出多元化与个性化的学习方式，为教育发展带来革新(李小平等，2017)。

元宇宙的多样性使其能够模拟不同领域的情境，从历史重现到科学模拟，再到文化体验，都能在元宇宙中得以实现。元宇宙的互动性将学习者从传统的知识接受者转变为积极的学习参与者，使他们可以与虚拟环境中的事物进行实时互动，构建自主学习过程。元宇宙能根据学习者自身的兴趣和需求，定制个性化的学习路径，实现更高效的学习体验。更重要的是，学习者能够突破现实限制，投入虚拟环境中，以一种全新的方式进行学习和体验。

元宇宙时代的兴起是由人们对于追求超越日常生活体验和交流方式的渴望所推动。人们不再满足于被动地接收信息，而是希望能够与数字世界进行更加深入的互动，并在虚拟空间中创造属于自己的独特体验。元宇宙的出现为人们提供了一个全新的数字化交流和交互平台，在实践过程中必将会重塑人类未来的生产、生活与学习方式，将在社交、游戏、教育、设计、营销等领域应用，从而构成推动社会数字化转型的动力(姚占雷、许鑫，2022)。

元宇宙的崭露光芒，既是信息科技蓬勃发展的产物，也是人类对于虚拟与现实融合的新探索。作为一个综合性概念,元宇宙不仅仅是VR的延伸,更是一个庞大的数字生态系统,它将数字世界与现实世界紧密连接,为用户创造出全新的数字化环境。在这种高度沉浸式情境中,学生可以通过VR技术完全沉浸于逼真的场景中。学生通过镜像主体参与和虚拟角色的互动,可以深度体验学习内容,而虚拟化身的成长也会激励学习者更主动学习(翟雪松等,2022)。

第二节
元宇宙概述

站在科技的前沿，元宇宙散发着神秘而诱人的光芒。它从何而来？有怎样的定义与核心特征？其概念经历了怎样的发展历程？而它的应用潜力又将为我们的未来带来哪些变化？在这个小节，我们将带你一起去揭晓这些问题的答案。

1. 元宇宙的来源、定义与核心特征

1) 来源

元宇宙”(Metaverse)一词由前缀“meta”和词干“verse”组成，“meta”的意思是“超越”，而“verse”则从“universe(宇宙)”演变而来。这一概念最早见于科幻作家尼尔·斯蒂芬森（Neal Stephenson）于1992年出版的《雪崩》一书中。小说以信息时代为背景，讲述了一个发生在21世纪初洛杉矶的关于密码学、VR和全球间谍活动的未来故事，其中描述了互联网一代通过虚拟化身在平行的网络世界进行交互。在小说《雪崩》引起关注后，一个与现实世界平行的虚拟网络世界的概念迅速被科幻小说家们接受，并继续使用斯蒂芬森对其的称呼——元宇宙(Metaverse)。

2003年，第一个现象级产品——在线虚拟社交平台“第二人生”(Second Life)问世。根据“第二人生”网格调查，截至2023年10月，共有6 700多万人在虚拟世界“第二人生”居住，3万多人在线居住。玩家们可以在游戏中做许多现实生活中的事情，如跳舞、购物、驾驶等，因此，“第二人生”也被视为元宇宙的雏形，它将作为本书第四章的重点内容之一被详细

介绍。

2018年，科幻电影《头号玩家》与2021年的另一部科幻电影《失控玩家》一起，为大众以可视化的方式呈现了元宇宙的概念。两部影片都通过VR技术构建了一个充满想象力和无限可能性的世界，让观众在观影过程中沉浸其中，体验到前所未有的视觉和心灵震撼。同时，电影也展示了VR技术对社会、人际关系以及个体自我认知的可能影响，引发了观众对于未来世界的深思。

2021年，在Facebook Connect大会上，首席执行官马克·扎克伯格宣布将“脸书”（Facebook）更名为“元”（Meta），这个名字正是源自“元宇宙”（Metaverse）。扎克伯格表示，我们所经历的“台式机—网络—手机”“短信—照片—视频”的发展并不是终点，未来的平台和媒介将会更加让人身临其境和具体化，人们将能够亲身参与其中而不仅仅是旁观者，这就是所谓的元宇宙。这一举动掀起了各行业关注元宇宙的热潮，2021年也因此被誉为元宇宙元年。

2）定义

目前关于元宇宙的概念，还没有一个权威、统一的定义，它仍是处于不断发展、演变中。人们对它的定义也各有不同。《2020—2021年元宇宙发展研究报告》给出的定义如下：“元宇宙是整合多种新技术而产生的新型虚实相融的互联网应用和社会形态，它基于扩展现实技术提供沉浸式体验，基于数字孪生技术生成现实世界的镜像，基于区块链技术搭建经济体系，将虚拟世界与现实世界在经济系统、社交系统、身份系统上密切融合，并且允许每个用户进行内容生产和世界编辑”；维基百科将元宇宙解释为“一个未来持久化和去中心化的在线三维虚拟环境”，一个聚焦于社交连接的3D虚拟世界网络，一种包含各种科技（如区块链、人工智能、扩增实境、机器视觉等）的巨大虚拟空间；《元宇宙蓝皮书：中国元宇宙发展报告(2023)》则指出:“元宇宙技术是创造虚拟内容、容纳海量虚拟人群、提升交互沉浸体验、维护虚拟世界价值的基础技术,本质上代表着数字时代人类对未来的期望。”

因此,元宇宙是一个综合性的虚拟数字环境,通过融合多种技术,实现将数字世界与现实世界的相互连接。作为一个交互丰富、体验沉浸的数字体验平台,元宇宙允许用户与虚拟物体和环境进行实时互动,并且能够创造、体验和共享内容。

作为数字化时代的创新产物,元宇宙也引起了学术界广泛的兴趣,成为许多学科的热门议题,如情报学(郭亚军等, 2022; 吴江等, 2022)、图书馆学(陈观婷等, 2023)、教育学(华子荀、黄慕雄, 2021)等。

3) 核心特征

元宇宙的主要核心特征包含万物互联、虚实融合、去中心化、持续演进、多模态与多媒体性等。

① 万物互联

元宇宙的万物互联特点是指在这一综合环境下,用户可以通过各种形式的硬件实现对数字世界的访问,并且在这个连续运作的环境中实现各种物体的互相连接、互通和实时互动(吴江等, 2022)。这一特点在教育领域具有深远的影响。教育元宇宙的构建能让学生、教师和学习资源之间建立更加紧密的联系,打破传统学习空间的限制,促使多元化的学科知识得以在一个共享的数字环境中交流和整合。

通过元宇宙的万物互联,学生能够以更加沉浸和互动的方式参与学习。例如,利用元宇宙技术,学生可以在虚拟环境中共同探讨学科内容,甚至跨越现实的界限,开展全球范围的协作式学习。这种万物互联的特性有助于打破传统学科之间的壁垒,创造更具整合性和跨学科性的学习体验。教育元宇宙的建设还能将教师纳入互联的网络,使其更灵活地利用各种数字资源辅助教学。教师可以通过元宇宙环境中的虚拟工具和资源，为学生提供更生动、直观的教学体验。同时，教师之间也能够分享教学经验，形成一个创新共同体，促进教学的不断进步。元宇宙的万物互联特点能为教育带来全新的可能性，创造一个更为开放、灵活和协同的学习环境。

② 虚实融合

元宇宙的虚实融合是指元宇宙将现实与虚拟融合在一起，为用户创造全新的沉浸式体验。元宇宙以虚拟与现实的深度融合为最基本特征。它构建了一个既基于又独立于现实的“数字孪生”世界，融合了现实世界的数字复制品和虚拟世界的自主创造物（刘革平等，2021）。通过穿戴设备和先进的交互技术，元宇宙能创造身临其境的感官体验，包括视觉、听觉、触觉等，提高在线互动与交流的质量。

通过建构“数字孪生”世界和沉浸式的体验，元宇宙使虚拟与现实深度融合，让用户能在其中获得仿真现实又超越现实的沉浸感。这种深度融合能为用户创造一种独特的感官体验，超越传统虚拟空间的局限。

在教育领域中，元宇宙的虚实融合分为四个层次，它们分别是：

- 虚拟重现：利用数字孪生和全景视频技术，逼真地再现真实的教学环境，如地理实景、博物馆、科技馆等，为学生提供沉浸式学习体验。
- 虚拟仿真：模拟自然现象及其演化规律，与真实教学高度相似，支持师生以虚拟化身形式感知、理解、响应教学环境，进行自主探究和小组协作。
- 虚实融合：通过数字孪生技术重构真实世界，复原地貌、建筑等，生成沉浸式虚拟教学环境，实现虚拟与真实世界的高精度融合，方便教师在课堂中直接调用各学科虚拟教学资源。
- 虚实联动：在虚实融合基础上，利用数字智能技术，师生可在虚、实环境之间自由切换，通过脑机接口实现机器人执行答疑解惑等活动，实现虚拟教学环境和真实世界的无缝联动(钟正等，2022)。

③ 去中心化

去中心化是一种独特的现象或结构，它体现在那些拥有庞大用户群体或众多节点的系统中，其中每个用户都能建立连接并潜在地影响其他节点，从而共同塑造整个系统的运作方式。元宇宙的去中心化特征涵盖了数字综合环境中权力、控制和数据分布的新模式。传统的中心化架构通常由单一实体或中心机构集中管理，而在去中心化的元宇宙中，这一模式得到了颠覆。权力和决策权分散到网络的多个节点，用户、开发者等参与者在系统的发展和决策中更具平等地位。这种去中心化的架构有助于提高系统的鲁棒性和安全性，降低单一点故障的风险。去中心化鼓励广泛的创新和协作，各参与者可以自主贡献和分享资源，无须受制于中心机构的限制。此外，去中心化的监督也使得版权交易可在没有第三方背书的情况下进行资源验证和权属变更(向安玲等，2022)。这一特征体现了对传统中心化范式的改变，强调了在数字化时代实现更加开放和包容性的组织结构。

在元宇宙构建的进程中去中心化为开放、民主和自由的数字环境创造了条件，使得参与者能够共同塑造整个元宇宙系统。如果在教育领域发挥其潜能，将有效解决学习中的教育公平问题。

④ 持续演进

元宇宙的构建依赖于不断涌现的先进技术，包括但不限于VR、AR、人工智能等。这些技术领域一直经历的迅猛发展和创新为元宇宙提供了不断更新和改进的基础。元宇宙是用户驱动的数字空间，用户的需求和期望对其功能和形态产生深远影响，里面将会出现许多由用户不断生成、更新的内容。这一开放式的生态系统允许多方参与其中，包括个人创作者、兴趣社群和教育机构等。这种开放性也能促进各方的创新和合作，推动元宇宙中的内容在不同领域持续演化。

此外，元宇宙的核心是数字化的世界，其中包含大量的数据和内容。随着科技进步，数据采集和处理技术的不断提升，元宇宙中的信息将变得更加丰富和复杂，呈现出更为多样的形态。元宇宙的发展还受到社会反馈机制的影响，用户和利益相关者的反馈，包括批评、建议和需求，都能促使元宇宙进行调整和改进，从而满足不断变化的社会需求。因此，元宇宙的持续演进体现了科技、社会和用户需求的动态互动，它正成为一个不断适应和发展的数字化生态系统。

⑤ 多模态与多媒体性

元宇宙是一个引人入胜的数字化生态系统，具有多模态性。在这个多维度平台上，信息、媒体和虚拟实体相互交织，形成一个丰富多样的生态系统。元宇宙能够集成来自不同领域的信息和知识，提供广泛的学习和娱乐资源，为用户之间的互动和交流创造更多可能性。这些信息和知识将通过不同的模态呈现出来，为用户提供更为丰富的体验和参与感。

同时，元宇宙还涵盖了多种媒体形式的内容，如游戏、电影、音乐等。这些多元化媒体资源相互交织，构建了一个多维度的娱乐平台，让用户能够根据兴趣选择并享受各种不同形式的娱乐内容。

2. 元宇宙概念的发展历程

接下来我们将按照时间顺序，列举一些对元宇宙相关概念的形成、理解、传播、发展及应用产生重要影响的事件，这些里程碑式的事件共同推动了元宇宙的发展，并展示了其在VR、AR、社交、经济和创新方面的巨大潜力，它们对于元宇宙相关技术的进一步成熟和概念的普及起到了重要的推动作用。

年(月)	作品名/事件	解释/介绍
1992	美国作家尼尔·斯蒂芬森在其科幻小说《雪崩》(Snow Crash)中首次提出了"Metaverse"(元宇宙)和"Avatar"(数字化身)的概念	"元宇宙"和"数字化身"概念首次出现,为后来的虚拟世界和AR技术提供了灵感和理论基础。
1994	游戏《Web World》的发布	玩家可以在游戏内实时聊天、旅游、改造场景,《Web World》也开启了游戏中的用户生成内容的模式。
1999	影片《黑客帝国》(The Matrix)上映	Matrix的本质被比喻为一个虚幻的世界,掩盖了人们对真相的认识*。这个虚假的世界给人们一种错觉,让他们认为这个世界就是真实的现实。Matrix可以被看作元宇宙的雏型。
2003	《第二人生》(Second Life)的兴起	《第二人生》是一个元宇宙的早期实例,它允许用户创造自己的虚拟身份,并在一个开放的世界中互动,展示了人们在虚拟空间中进行社交、创造和交易的潜力。
2006	游戏引擎、游戏平台《罗布乐思》(Roblox)的出现	由Roblox公司开发的在线游戏平台和游戏创作系统,允许用户编写游戏程序并参与其他用户制作的游戏。Roblox作为最接近元宇宙的头部代表,近年来积极拥抱变革性的生成式人工智能(AIGC)浪潮,推出AIGC工具,降低用户创作门槛,让每一个用户都成为创造者**。

* 来源于知乎——如何评价电影《黑客帝国》。

** 资料来源于知乎——元宇宙专题Roblox（NYSE：RBLX）：工具基础上生长出的游戏世界，借助AIGC更好构建元宇宙。

续表

年(月)	作品名/事件	解释/介绍
2009	模拟沙盒游戏《我的世界》(Minecraft)发布	“这是一款带有生存冒险元素的游戏,由单机游戏改编而来。整个游戏世界由各种方块构成,玩家可以破坏它们,也可以用自己的方块随意建造东西。为了在游戏里生存和发展,玩家需要通过伐木、挖矿、捕猎等方式获取资源,并通过合成系统打造武器和工具。随着游戏的进行,玩家自力更生,逐渐建造出一个自己的家园。”*
2011	4D主题公园Live Peak出现	由韩国公司打造的集科技、艺术、故事、游戏于一体的梦幻互动数字空间。
2012	VR头盔Oculus Rift的首次众筹	通过众筹平台Kickstarter成功筹集了数百万美元资金,被认为是世界上最成功的众筹项目之一。此次众筹证明了公众对VR技术的兴趣和支持,为Oculus Rift的进一步开发和推广奠定了基础,也标志着VR技术开始进入主流视野,并吸引了科技公司和投资者的关注。
2013	谷歌推出Google Glass	这是一款AR眼镜,能够将数字信息叠加到用户的视野中。Google Glass作为AR技术的先驱之一,展示了将虚拟元素与现实世界相结合的潜力,为后来的AR设备和应用提供了灵感和技术基础。
2014	Facebook收购Oculus	这一事件标志着主流科技公司对VR和元宇宙潜力的认可,为后来的元宇宙发展铺平了道路。

* 引自百度百科——“我的世界”词条。

续表

年(月)	作品名/事件	解释/介绍
2016	HTC Vive和Oculus Rift分别发布了消费者版的VR头盔HTC Vive和Oculus Rift	这两款设备的发布标志着VR技术向消费者市场的迈进。它们提供了更高质量的VR体验,并吸引了游戏开发者、内容创作者和用户的关注。这些设备的成功推动了VR生态系统的进一步发展。
2017	游戏《堡垒之夜》(Fortnite)发布	该游戏拥有巨大的影响力,与普通的射击游戏不同的是,它具备内容创作的自由性以及货币化能力。用户能进入虚拟世界去创造自己想要的一切,这也是Epic Games作为最负盛名的游戏制作公司进军元宇宙的巨大优势之一。
2017/2021	Facebook推出Spaces和Horizon Worlds(2017年和2021年)	Facebook先后推出的这两个平台是其在元宇宙领域的尝试。Spaces是一个VR社交平台,而Horizon Worlds是一个用户创造和共享的虚拟世界。两个平台的推出吸引了大量用户参与,展示了元宇宙在社交、创造和娱乐方面的潜力,推动了元宇宙的发展,激发了其他公司的竞争和创新。
2018	电影《头号玩家》(Ready Player One)上映	这部电影是一次面向大范围观众的未来想象启蒙。其中的"绿洲"是人们逃避现实世界的虚拟空间,人们可以在里面进行社交、创作、交易、恋爱等活动。
2018	VR游戏的流行	《堡垒之夜》《VRChat》一类游戏在全球范围内流行开来。这些游戏展示了元宇宙在游戏领域的可能性,为玩家提供了沉浸式的社交和游戏体验。

续表

年(月)	作品名/事件	解释/介绍
2018年和2019年	Decentraland和Cryptovoxels的兴起	这些平台展示了区块链技术在元宇宙中的应用,为用户提供了真正的虚拟资产所有权。它们建立了一个去中心化的元宇宙经济体系,吸引了投资者、开发者和用户的关注,平台的成功为元宇宙的可持续发展和经济模型提供了新的思路。
2019年和2020年	元宇宙音乐会	美国电音制作人Marshmello的演唱吸引了1080万的在线观众,在虚拟世界中给观众带来了超越现实的音频冒险。次年,他的元宇宙音乐会吸引了1230万人在线观看,又一次现实了元宇宙中的娱乐功能。
2020	疫情推动虚拟活动	新冠疫情的限制使许多活动和会议转向虚拟空间,加速了元宇宙相关技术在社交和活动领域的应用,展示了虚拟空间在连接人们、举办活动和提供娱乐方面的巨大潜力。
2021年3月	元宇宙概念第一股上市	Roblox在纽交所上市,首日收盘大涨54.4%,收于每股69.50美元,市值超过380亿美元*。
2017/2021	微软收购AltspaceVR(2017年)、推出Mesh(2021)	微软收购了VR社交平台AltspaceVR,并在几年后推出了自己的元宇宙平台Mesh。收购AltspaceVR展示了微软对社交VR的兴趣,而Mesh则为企业用户提供了一个在虚拟空间中协作和交流的平台。微软的努力推动了元宇宙在企业市场和生产力工具方面的应用。

* 资料节选自gamelook游戏大观"Roblox市值破400亿美元！Metaverse第一股如何打破发展魔咒?"。

续表

年(月)	作品名/事件	解释/介绍
2021年4月	字节跳动1亿元人民币投资元宇宙	字节跳动以1亿元人民币投资元宇宙概念公司代码乾坤,其主要产品包括青少年社交和用户生成内容(UGC)平台“重启世界”。
2021年9月	腾讯注册元宇宙商标	腾讯注册了“王者元宇宙”和“天美元宇宙”商标。
2021年10月	Facebook改名为Meta,并宣布了其构建元宇宙的愿景	这一事件使元宇宙概念受到了全球范围内的广泛关注,推动了科技公司和投资者对元宇宙领域的进一步探索和投资。
2022年1月	Omniverse平台免费	英伟达公司宣布,个人创作者可以免费使用实时3D设计协作工具Omniverse。Omniverse平台定位为“工程师的元宇宙”,创作者、设计师、研究人员和工程师可以连接主要设计工具、资产和项目,从而在共享的虚拟空间中协作和迭代。
2022年	多个元宇宙平台涌现	多家公司开始推出自己的元宇宙平台,如Decentraland、Cryptovoxels和Somnium Space,这些平台为用户提供了虚拟土地购买、建设和社交的机会,标志着元宇宙作为一个新兴领域的快速发展和成熟。
2022年8月	中国发布首份《元宇宙教育共识》	这是全国首份元宇宙教育共识,为高度科技化的未来学习革命指引了方向,是元宇宙教育产业发展的理论指南,对元宇宙教育学者、科研单位、企事业单位在推动中国元宇宙教育事业发展过程中起到了积极作用。

续表

年(月)	作品名/事件	解释/介绍
2022年9月	中国首个“元宇宙”院系在南京信息工程大学设立	国内高校第一个以元宇宙命名的院系，致力于打造元宇宙教学、研究，产教融合，学术交流，高层次人才培养和国际合作新高地。这表明元宇宙在国家科技发展战略上成为更明显的侧重点。
2022年11月1日	工信部、教育部等五部门联合印发《虚拟现实与行业应用融合发展行动计划(2022—2026年)》	《行动计划》指出，建设一批VR课堂、教研室、实验室与仿真实训基地，开发一批基于教学大纲的VR数字课程，强化学员与各类虚拟物品、复杂现象与抽象概念的互动实操，打造支持自主探究、协作学习的沉浸式新课堂，服务国家重大战略，加快培养紧缺人才。
2023年6月	苹果发布Vision Pro	这款MR头显让用户可以沉浸在VR中，或参与AR交互，他们可以看到周围的真实世界，并附有数字特效。
2023年11月	迪士尼续梦元宇宙	迪士尼宣布和NFT IP开发公司Dapper Labs合作，推出NFT平台“Disney Pinnacle”，“星球大战”IP和皮克斯工作室创作的标志性角色都将以NFT的形式面市。
2023年12月	非同质化代币(NFT)与元宇宙的结合	NFT开始在元宇宙中发挥重要作用。NFT为元宇宙经济体系增添了新的维度，允许用户拥有和交易独特的虚拟资产，进一步推动了元宇宙的经济和社会发展。

续表

年(月)	作品名/事件	解释/介绍
2024年5月15日	扬州市出台《元宇宙产业培育发展行动计划(2024–2026年)》	文件中指出：到2026年，元宇宙技术创新、产业发展、应用示范和生态构建取得初步成效，成为数字经济新的增长极。元宇宙相关产业规模达到100亿元，带动扬州市软件和信息服务业业务收入超200亿元。
2024年5月18日	上海科技节推出"元宇宙科学红毯"	科技节邀请老、中、青三代科技人物走上红毯。红毯秀通过传统实体红毯与虚拟"元宇宙"红毯的有机切换，让观众走进为每一位科学家打造的专属元宇宙科学世界。

3. 元宇宙的应用潜力

元宇宙技术在教育中的应用涵盖了多个领域，包括远程教育、专业培训、实践模拟、语言学习和文化体验等。通过元宇宙技术，学生可以进入虚拟社交场景、体验不同文化背景。元宇宙技术也能为学生提供交互和协作的机会，他们可以在虚拟环境中与其他学生和教师进行互动，共同解决问题和完成任务。这种社交和协作能力对于培养学生的团队合作和沟通能力非常重要。

元宇宙具有巨大的教育和培训潜力，它在教育领域的应用正在引发重大变革。教育技术研究人员开始探索如何将元宇宙技术融入到教学中，以创造更具互动性和体验性的学习环境。元宇宙可以在数字化场景中提供任何地方、任何时间点的实地考察，可以重现历史场景、科学实验、职业实操环境，为学习者提供丰富的实践机会；学生可以通过元宇宙参与虚拟实验，观察和操作虚拟环境中的事物，获得更加生动和互动的学习体验，深化对知识的理解；企业可以通过虚拟培训课程提高员工技能和知识水平。此外，元宇宙能创造一个开放的学习环境，学生可以通过定制和分享内容，实现个性化的学习路径，提高学习积极性。

2018年，北京师范大学的"VR/AR+教育"实验室与清华大学附属小学合作，设计了一系列利用AR技术的语言学习活动（Yang et al., 2019）。如下图所示，AR应用程序创造了一个生动的学习环境，让小学四年级的学生在英语课上能够观察太阳和地球，并与它们互动。这种创新的学习方式不仅增强了学生的学习体验，还通过英语对话练习提高了他们的语言能力。

北师大和清华大学附属小学合作开展的AR英语公开课
"The Sun and the Earth"

2021年，美国斯坦福大学推出了一门独特的课程"Virtual People"，这是一门完全在VR环境中进行的课程[*]。通过携带VR头戴式设备，学生们可以在任何地方远程参与课堂。课堂场景丰富多彩，包括虚拟博物馆、生

[*] 斯坦福官方新闻：The Stanford Daily. Stanford launches first class taught completely in virtual reality.

活化的场景，甚至是地球上人迹罕至的地方，如火山口和海底暗礁。这一形式充分利用了VR技术的优势，打破了传统课堂的限制，让学生们能够身临其境地探索和学习。通过这种方式，学生们可以在更加真实和生动的环境中获取知识，从而提高学习的趣味性和参与度。

斯坦福大学元宇宙课程

此外，剑桥大学也将虚拟语言学习作为其英语课程的一部分。学生能够与母语人士进行虚拟对话，练习语言技能，参观虚拟语言学校，甚至参加虚拟语言交流项目。课堂实践结果表明，与使用传统课堂教学方法的学生相比，使用虚拟语言学习的学生在语言水平得到更快的提高。

另外，一些机构和组织也成功开发了一些虚拟语言学习应用，展示了虚拟语言学习的有效性。

Duolingo：Duolingo 是一款流行的语言学习应用程序，它将 VR 技术融入其平台，以增强学习体验。学习者可以使用 VR 耳机参加虚拟语言课程，并以更身临其境的方式练习他们的语言技能。VR 的结合增加了学习者的参与度和动力，从而提高了语言熟练程度，证明了虚拟语言学习在提高语言学习成果方面的潜力，为学习者提供了更吸引人、更有效的学习体验。

LinguaVR：LinguaVR 是一个 VR 语言学习平台，提供各种语言的沉浸式语言课程。学习者可以在虚拟场景中练习他们的语言技能，例如在虚拟餐厅点餐或游览虚拟城市。

MondlyVR：MondlyVR 是一款提供 VR 语言课程的应用程序。学习者可以通过参与对话练习和角色扮演来练习他们的语言技能。该应用程序还提供即时反馈和个性化学习路径。

Rosetta Stone：Rosetta Stone 是一个语言学习平台，最近也将 VR 融入其课程。它使用了来自数以百万计的母语人士数据，来帮助学习者准确发音。学习者可以使用 VR 耳机练习语言技能，并获得关于发音和词汇的实时反馈。

除了教育领域，元宇宙在医疗、建筑、房地产、艺术、商业等领域也有广泛的应用。

在医疗领域，提高手术精准度和安全性，为患者提供远程医疗服务，助力心理治疗；在建筑领域，方便设计师设计展示，让客户提前体验并提出意见，提升施工规划管理效率和质量；在房地产领域实现虚拟看房和项目推广；在艺术领域为艺术家提供创作空间和举办线上展览，让观众获得丰富互动体验；在商业领域为企业提供全新营销渠道，为消费者带来便捷个性化购物服务。元宇宙的多领域应用为其进一步发展提供了广阔前景。在本书第二章我们将以更多的篇幅为你介绍元宇宙带来的创新应用。

第三节
元宇宙与外语教学的融合

在数字化浪潮汹涌澎湃的时代,教育领域正经历着一场深刻的变革。而元宇宙的崛起,为外语教学带来了全新的契机与挑战。它究竟如何在数字化学习时代为学习者创造丰富且切实可行的语言学习机遇?传统外语教学在数字化背景下又面临着哪些挑战,迫切需要怎样的创新?元宇宙在外语教学领域的兴起又将产生怎样深远的影响?让我们一同来了解元宇宙与外语教学得以交汇的背景。

1. 数字化学习时代的崭新机遇

我们将从教育学、语言学和计算机技术科学三个方面入手,带你了解元宇宙为教育领域带来的机遇。

1) 教育学视角

从教育学视角来看,元宇宙能为教育领域带来多方面的深远影响:

① 个性化学习体验

- 自适应学习路径:元宇宙可以根据每个学生的外语水平、学习风格和进度,为其量身定制个性化的学习路径。例如,对于基础较弱的学生,提供更多的语法和词汇练习;对于口语表达能力有待提高的学生,安排更多的对话场景模拟。
- 兴趣导向学习:通过分析学生的兴趣爱好,元宇宙可以将外语学习内容与学生感兴趣的主题相结合。比如,喜欢音乐的学生可以在元宇宙中参与外语音乐活动，学习音乐相关的词汇和表达；喜欢运动的学生则可以进入虚拟的体育赛事场景，学习体育赛事解说中的外语。

② 沉浸式学习环境

- 真实语言场景模拟：元宇宙能够高度还原外语国家的各种真实场景，如商场、餐厅、学校等。学生可以在这些场景中与虚拟人物进行互动交流，感受真实的语言环境，提高语言的实际运用能力。
- 文化体验：外语学习不仅仅是语言的学习，还包括对语言背后文化的了解。元宇宙可以让学生身临其境地体验外语国家的文化习俗、传统节日等，增强学生对文化的理解和认同感，从而更好地掌握外语。

③ 互动式学习与协作

- 实时互动交流：学生可以在元宇宙中与来自不同地区的学生和教师进行实时互动交流，打破地域限制，拓宽视野。这种互动可以是课堂讨论、小组合作项目等形式，提高学生的口语表达和沟通能力。
- 协作学习：元宇宙中的协作学习可以培养学生的团队合作精神。学生们可以共同完成外语任务，如编写故事、制作视频等，在合作中相互学习、共同进步。

④ 多元化评价体系

- 过程性评价：元宇宙可以记录学生在学习过程中的各种表现，如参与度、进步情况等，为教师提供更全面的过程性评价依据。教师可以根据这些数据及时调整教学策略，给予学生个性化的反馈和指导。
- 能力综合评价：除了传统的考试成绩，元宇宙还可以通过模拟实际场景中的任务完成情况，对学生的听、说、读、写、译等综合能力进行评价。这种评价方式更加贴近实际语言运用，能够更准确地反映学生的外语水平。

2）语言学视角

从语言学视角来看，元宇宙能为外语教育领域带来以下几方面的影响：

① 语言输入的丰富性

- 真实语境再现：元宇宙可以高度逼真地模拟外语国家的各种场景，为学习者提供大量真实的语言输入。例如，学习者可以在虚拟的商场中听到售货员与顾客的对话、在餐厅中感受食客与服务员的交流等，这种真实语境中的语言输入有助于学习者更好地理解语言的实际用法。
- 多模态输入：元宇宙不仅可以提供声音，还能结合图像、视频、动画等多种模态，为学习者带来更加丰富的语言输入。例如，在学习外语词汇时，学习者可以看到实物的图像、听到其发音、观看相关的视频介绍，从而加深对词汇的理解和记忆。

② 语言输出的机会增加

- 互动交流平台：元宇宙为学习者提供了与来自不同地区的人进行互动交流的平台。学习者可以在虚拟的社交场景中与其他学习者或虚拟角色进行对话，锻炼自己的口语表达能力。这种互动交流不仅可以提高学习者的语言输出能力，还能让他们了解不同的语言表达方式和文化背景。
- 语言任务挑战：元宇宙中可以设置各种语言任务挑战，如演讲比赛、辩论活动、角色扮演等。学习者通过参与这些任务，能够积极地运用所学的外语知识进行表达和交流，提高语言输出的流利度和准确性。

③ 语言文化融合

- 文化体验深入：在元宇宙中，学习者可以身临其境地体验外语国家的文化习俗、传统节日、艺术表演等。这种深度的文化体验能够帮助学习者更好地理解外语背后的文化内涵，从而提高语言学习的效果。例如，学习者在参与虚拟的国外传统节日活动中，可以学习到相关的国外词汇和表达方式，同时了解国外的文化价值观。

- 跨文化交际能力培养：元宇宙中的跨文化交际场景可以让学习者与来自不同文化背景的人进行交流和合作。在这个过程中，学习者需要运用外语进行有效的沟通，同时理解和尊重不同的文化差异。这种跨文化交际能力的培养对于外语学习者来说至关重要。

④ 语言学习的自主性增强

- 个性化学习路径定制：元宇宙可以根据学习者的语言水平、学习目标、兴趣爱好等因素，为其定制个性化的学习路径。学习者可以自主选择学习内容、学习进度和学习方式，满足自己的独特需求。例如，对商务英语感兴趣的学习者可以专注于商务场景的语言学习，选择相关的课程、练习和交流活动。
- 自主探索学习空间：元宇宙提供了广阔的自主探索学习空间。学习者可以自由地探索各种虚拟场景，发现新的语言学习资源和机会。他们可以主动与虚拟人物互动，提问、交流，获取知识和反馈。这种自主探索的学习方式能够激发学习者的好奇心和学习动力，培养其独立思考和解决问题的能力。
- 学习进度自我掌控：在元宇宙中，学习者可以随时查看自己的学习进度和成绩，了解自己的优势和不足。他们可以根据自己的情况调整学习计划，加快或放慢学习节奏。例如，如果学习者在某个语法点上掌握得不够好，他可以选择更多的相关练习和学习资源进行强化训练。
- 学习社区互动与合作：元宇宙中的学习社区为学习者提供了互动与合作的平台。学习者可以与其他学习者分享学习经验、交流学习心得。他们可以组成学习小组，共同完成语言学习任务，提高学习效果。这种学习社区的互动与合作能够增强学习者的学习自主性和责任感。

3）计算机技术视角

从计算机技术视角来看，元宇宙能为外语教育领域带来以下深远影响：

① VR与AR技术

- 沉浸式学习体验：通过VR和AR技术，外语学习者可以身临其境地进入外语国家的各种场景，如街头、学校、商场等。这种沉浸式的学习体验能够极大地提高学习者的学习兴趣和参与度，让他们更加直观地感受外语的实际运用环境。
- 互动式学习：VR和AR技术可以实现学习者与虚拟环境中的人物、物品进行互动。例如，学习者可以与虚拟的外语母语者进行对话交流，或者通过触摸虚拟物品来学习相关的外语词汇和表达。这种互动式的学习方式能够增强学习者的记忆和理解，提高学习效果。
- 个性化学习：根据学习者的学习进度、兴趣爱好和学习风格，VR和AR技术可以为其提供个性化的学习内容和学习路径。例如，对于口语表达较弱的学习者，可以提供更多的口语练习场景；对于喜欢音乐的学习者，可以在音乐相关的场景中进行外语学习。

② AI技术

- 智能辅导：AI可以为外语学习者提供智能辅导，根据学习者的学习情况和问题，提供个性化的学习建议和解决方案。例如，当学习者在语法或发音上出现错误时，AI可以及时指出并提供正确的示范和练习。
- 语言翻译：AI翻译技术可以帮助外语学习者克服语言障碍，实现实时的语言翻译。学习者可以在与外语母语者交流时，使用AI翻译工具进行沟通，提高语言交流的效率和准确性。
- 学习分析：AI可以对学习者的学习行为和学习数据进行分析，了解学习者的学习习惯、优势和不足，为教师提供教学参考，以便更好地制定教学计划和教学策略。

③ **大数据与云计算技术**

- 学习资源共享：通过云计算技术，外语教育资源可以在元宇宙中实现共享，学习者可以随时随地访问和使用这些资源。同时，大数据技术可以对学习者的学习行为和学习需求进行分析，为其推荐更加精准的学习资源。
- 学习评估与反馈：大数据技术可以收集和分析学习者的学习数据，如学习时间、学习进度、考试成绩等，为教师提供全面的学习评估和反馈。教师可以根据这些数据了解学习者的学习情况，及时调整教学策略，提高教学效果。
- 个性化学习推荐：基于学习者的学习数据和行为模式，大数据和云计算技术可以为其提供个性化的学习推荐。例如，根据学习者的兴趣爱好和学习进度，推荐相关的外语学习课程、书籍、电影等资源。

④ **区块链技术**

- 学历认证与记录：区块链技术可以为外语学习者的学历认证和学习记录提供安全、可靠的保障。学习者的学习成绩、证书等信息可以被记录在区块链上，不可篡改，方便用人单位和教育机构进行查询和验证。
- 教育资源版权保护：区块链技术可以保护外语教育资源的版权，防止盗版和侵权行为。教育机构和教师可以将自己的教学资源上传到区块链上，确保资源的合法性和安全性。
- 学习社区建设：区块链技术可以为外语学习者建立一个去中心化的学习社区，学习者可以在社区中分享学习经验、交流学习心得、互相帮助和支持。同时，区块链技术可以保证社区的公平性和透明度，防止不良行为的发生。

2. 数字化背景下外语教学面临的挑战和创新需求

在数字化时代的浪潮下，现有外语教学的一些局限性愈发凸显。

1) 教学模式单一

通常以教师在课堂上讲解语法、词汇知识为主，学生被动地接收信息。这种单向的知识传输方式使得课堂缺乏活力，学生的参与度不高。例如，在传统课堂中，学生可能只是机械学习，缺乏主动思考和积极表达的机会，难以真正提高语言运用能力。这与数字化时代所强调的个性化、互动性的学习需求存在差距。

2) 教学资源有限

教学主要依赖教材、电子课件等工具，资源的更新速度较慢，难以满足学生对多样化、实时性学习内容的渴望。而且，传统资源形式较为单一，多为文字、音频、视频，缺乏更真实直观的语言环境。虽然数字化时代为我们提供了海量的信息资源，但传统教学模式却难以充分整合和利用这些资源，导致学生的学习体验较为局限。

3) 评价方式不够全面

现有教学往往以考试成绩作为主要评价标准，注重对语言知识的考查，而忽视了学生的口语表达、跨文化交际能力等方面的发展。这种评价方式难以准确反映学生的综合语言素养，也不利于学生的全面发展。在数字化时代，我们需要更加多元化、个性化的评价体系，以更好地适应学生的学习需求。

为应对数字化时代外语教学面临的挑战，实现外语教学的创新，我们需要寻找新的解决方案，引入新的教学模式，创造真实的语言环境，提供个性化教学，改善评价方式，新技术的迅速发展为外语教育的创新带来了崭新的可能性和机遇。在这方面，计算机辅助语言学习（Computer-Assisted Language Learning，CALL）具突出的优势，它借助多媒体和交互式学习资源，构建个性化和自适应的学习环境，从而激发学生的学习兴趣并改善学习效果。学生可以根据自身的学习需求和程度选择适合的学习材料，并借助多媒体资源进行听力、口语、阅读和写作等各方面的训练，从而实现个性化学习。但是，目前的国内线上教育手段主要局限于 2D 平面传播技术，存在课堂形式单一，学生参与度仍然不高，缺乏能够培养技能和进行实验的环境等问题。

可喜的是，元宇宙技术在外语教育中显现出巨大的前景。元宇宙提供了一个多感官、沉浸式的学习环境，使学生能够更深入地感知和体验目标语言文化。通过虚拟情境的搭建，学生可以参与到真实的语境中，提高语言运用的自然度和准确性（Chen，2020）。元宇宙的互动性和社交性为学生提供了更广泛的交流平台。学生可以在虚拟环境中与母语人士或其他学习者进行实时交流，拓展语言应用的场景，提高语言交际的信心和流利度（Reinders & Wattana，2014）。元宇宙还能够个性化定制学习内容，根据学生的学科背景、学习兴趣和水平差异，为其提供更适宜的学习材料和任务（刘革平等，2022）。元宇宙还可以实现更加全面、个性化的评价体系，更好地促进学生的综合发展。因此，借助元宇宙技术，外语教学有望在数字化时代实现深层次的创新，更好地应对多样性、全球性的语言学习挑战。

3. 元宇宙在外语教学领域的兴起

元宇宙在外语教学领域的兴起并非偶然，它有着多方面的原因。

1）技术的飞速发展是关键推动力

VR和AR技术的不断成熟，为元宇宙搭建了逼真的虚拟学习环境。学生能够沉浸在模拟的外语场景中，与虚拟角色进行自然的互动交流，仿佛置身于真实的外语世界。这种强烈的沉浸感和真实感能极大激发学生的学习兴趣，提高了他们的参与度。人工智能技术的进步也为外语教学带来了新的契机。智能辅导系统可以根据学生的学习特点和进度，提供个性化的学习方案，精准地满足每个学生的需求。同时，网络通信技术的提升，尤其是5G等新一代通信技术的广泛应用，也能确保元宇宙中的外语教学流畅进行，消除卡顿和延迟，为学生创造良好的学习体验。

2）教育需求促使元宇宙崭露头角

如今，学生对个性化学习的需求日益增长。传统的外语教学模式往往难以满足学生多样化的学习需求，而元宇宙可以为学生提供高度个性化的学习体验。学生可以根据自己的兴趣爱好、学习目标和语言水平，自由选择不同的学习场景、课程内容和学习方式。此外，在全球化的大背景下，跨文化交际能力的培养变得至关重要。元宇宙为学生搭建了一个跨文化交际的平台，让他们能够与来自不同国家和文化背景的人进行互动，深入了解不同文化的差异，从而更好地掌握外语，提升跨文化交际能力。

3）教育创新理念为元宇宙的兴起提供了动力

教育工作者们始终在积极探索新的教育模式和方法，以提升教学质量和效果。元宇宙作为一种创新的技术和理念，为外语教学模式的创新开辟了新的道路。在元宇宙中，教育工作者可以设计出更加生动、有趣、互动性强的教学活动。比如，组织角色扮演、情景模拟等活动，让学生在虚拟的情境中亲身体验外语的实际应用，提高他们的语言运用能力。同时，元宇宙还能够打破地域和时间的限制，实现全球教育资源的整合与共享。来自世界各地的优秀教师、丰富的教学资源和先进的学习经验可以在元宇宙中汇聚，学生可以随时随地获取全球最优质的外语教育资源，拓宽自己的视野，提升外语水平。

当然，将元宇宙融入外语教学也面临一些挑战。首先，教师需要对外语学习理论下的元宇宙及其运用有一定了解，他们需要熟悉国外教育领域中常见的元宇宙平台，探究元宇宙在外语教学运用中可能存在的问题，以便能够更好地管理虚拟学习环境。其次，教师还需要了解虚拟环境的各种组成元素以及它们对学习的影响，以确保其在教育中的有效性和价值。同时，教育机构需要相应的投入，包括技术设备、人力培训等，以支持元宇宙在外语教学中的应用。最后，教师需要了解元宇宙下外语教学的实践及其带来的前景，认识元宇宙融入到教育创新的实践时可能存在的问题，而对这些问题的思考和探索正是我们写这本书的初衷。

第四节
各章节内容概览

第一章探讨了元宇宙的定义与核心特征，以及数字化背景下外语教学面临的挑战，旨在让读者了解数字化学习时代带给外语教学的新机遇，以及元宇宙在外语教育领域的兴起与影响。

第二章将深入研究VR技术的演进，包括关键组件、特征、相关技术，以及元宇宙技术从VR到数字化生态系统的进化。我们将探讨元宇宙的地基性技术、支持性技术，以及元宇宙带来的创新应用，旨在带你了解VR技术与元宇宙的内在关联。

第三章将以外语习得理论为视角，从行为主义、认知主义和社会文化理论角度探讨如何在元宇宙环境中实现外语教学的创新。我们将探讨元宇宙在外语习得中的实际应用，包括语言输入、语言输出和交际能力培养。

第四章将以实践探索的方式介绍元宇宙在外语教学中的创新应用。从Second Life、Moodle、Sloodle到Minecraft、Roblox、Unity与Unreal Engine，我们将逐一深入带你了解这些工具在外语教学中的实际运用。

第五章将带你踏入元宇宙技术在外语教学中的奇妙世界。首先，我们将聚焦元宇宙技术下的外语教学实践，对教学场景搭建、教学资源开发、教学方法创新以及教学评估与反馈等关键环节进行详细阐述，洞察其中需注意的问题，让你了解元宇宙外语教学的关键所在。接着，审视元宇宙技术下师生角色的转变，探究教师与学生在新教学环境中如何重新定位自己。最后，展望元宇宙技术下的支持与前景。

从技术、教学、心理、安全等方面讨论实施元宇宙外语教学可能面临的问题以及相应的解决方法。作者也将对实施的进度做短期、中期和长期的规划，最后是全书的总结和作者写作本书的心路历程，与读者分享。

第二章

VR技术与元宇宙

在数字时代的浪潮中，元宇宙这一概念正崭露头角，为社会、经济、文化、教育和人们日常生活带来深刻的变革（冯志伟 & 张灯柯，2023；刘德建等，2023；杨宗凯，2022）。如今，这个源于科幻小说的概念正以惊人的速度成为现实世界的一部分。作为一个数字化的多维生态系统，元宇宙通过融合虚拟与现实世界，能为用户提供沉浸式、交互式和高度个性化的体验。它不仅仅是一个科技奇迹，也是一种全新的学习和教育范式，一种颠覆传统教育方法的创新教育和学习模式（高媛等，2016；杨宗凯，2022）。

作为元宇宙核心技术之一的VR技术，其快速演进为元宇宙的发展提供了关键的技术支持和契机（王建华 & 李润美，2022）。尽管数十年前还被认为是不现实的概念，如今VR已成为人们日常生活的一部分。VR技术已经为游戏设计（刘书亮 & 刘昕宇，2016；王辞晓等，2017）、文化遗产保护（胡亚希，2012；张孝飞，2019）、医疗保健（罗术通等，2020；罗伟等，2005）、外语教学（戴琨，2012；李颖，2020）、工业设计与制造（张林鍹等，2014）和职业技能培训（赵书琪，2023）等领域带来了新的方法和手段。类似于互联网改变了传统的面对面和书面信息交流方式，元宇宙同样有潜力改变我们未来与数字世界的互动模式。VR核心技术的进步，头戴式显示器、全息投影、手势识别和沉浸式体验的不断演化，为元宇宙的构建提供了更多可能性。

设想一下，你可以穿越时空，置身于历史悠久的文明中，同那个时代的人们对话，感受他们的语言和文化。或者你可以在虚拟世界中学习外语，体验异国风土人情，与虚拟角色交流，而这些角色会像真人一样用外语回应。而这些，只是元宇宙所能带来的一小部分变革。

本章将探讨VR技术与元宇宙的密切关系，深入研究它们的核心特征和应用领域。我们将带你了解VR技术的发展历程，理解VR与元宇宙之间的区别与联系，以及它们如何共同改变我们的教育方式。元宇宙时代已经来临，它不仅会改变教育，还将塑造未来的学习和工作方式。让我们一起探索这个新世界，为未来的外语教学寻找另一种全新的方式。

第一节
VR技术的演进

随着科技的不断进步,VR 技术在近年来得到了迅速的发展。在这部分内容中,我们将按照以下逻辑展开:首先聚焦于 VR 技术的起源与发展历程;接着详细阐述 VR 技术的关键组件、特征以及相关技术;最后对增强现实(AR)与混合现实(MR)的区别进行探讨。

1. VR技术的起源与发展

VR最早起源于20世纪50年代,其基本特征为多感性、沉浸性、交互性和构想性(曾国屏,1997;戴琨,2012;胡亚希,2012)。这一概念由美国的加隆·兰里尔(Jaron Lanier)在20世纪80年代初正式提出来,钱学森建议将其叫作“灵境技术”(汪成为,祁颂平,1966)。但在此之前,VR一直是人们脑洞大开的梦想。随着计算机技术的蓬勃发展,这个梦想终于成真。20世纪90年代初,VR技术开始在军事、医疗和工业领域登场,带来了让人瞩目的革命(高媛等,2016)。

之后,教育领域意识到VR技术可以创造出沉浸式的学习环境,使学生能够更深入地体验学习内容(Atal et al.,2023)。VR可以模拟真实世界的场景和情境,使学生能够进行实践性的学习,从而提升他们的理解和应用能力。通过模拟各种情境,VR能为学习者创造身临其境的体验,有助于提高学习的吸引力、动机和效果(Asad et al.,2022)。例如,在医学教育中,VR模拟可以让学生在虚拟环境中进行手术操作,提升实践技能(Abbas et al.,2023);在古代建筑教育中,学生可以通过可视化的虚拟历史建筑，更深入地理解其历史背景和文化（Chan et al., 2022）。

VR技术不仅具有较强的模拟现实性，还能为实施私人化、个性化教学提供新的工具。教师可以根据学生的兴趣和能力定制虚拟场景，使学习过程更加个性化和自主化。学生即使很少或根本没有机会出国旅行，也可以通过真实和沉浸式环境习得目标语言，体验语言和文化，感受具有原生性(Authenticity)的语境（Christoforou et al., 2019; Chung, 2012）。不仅如此，学生还可以探索不同环境的细节，让他们的语言实践内容变得更加具体，从而对学习主题产生更强的情感联系，对学习内容获得更深入的理解（Frazier & Roloff Rothman, 2019）。

VR技术的发展与图形学、人机交互等领域密切相关。图形学的发展使得虚拟环境的渲染更加逼真，人机交互技术的进步则提升了VR的沉浸感和用户体验。近年来，VR技术在硬件和软件方面都取得了重大突破，例如头戴式显示器、手势识别技术、体感设备等的应用。VR技术的发展就是将硬件和软件相互融合，就像灵动的音符与优美的弦律相互配合，共同谱写出一曲震撼人心的乐章。而人工智能和机器学习等技术也在随后的意外相遇中发现了相互间的契合点，它们快速融合，持续推动着VR领域的不断创新。

2. VR技术关键组件、特征及相关技术

1）关键组件

VR是一种计算机技术，它通过模拟现实世界或创造虚构世界，使用户与虚拟环境进行交互。VR系统通常由以下几个核心组成部分构成，这些组成部分共同协作，实现用户的沉浸式体验。

① VR头戴式显示器

它是进行虚拟体验不可或缺的关键组件之一，通常包括一副特制的

眼镜或头盔，内置高分辨率的显示屏，覆盖用户的视野。这些显示器能够呈现在虚拟世界构建的图像和视频中，通过模仿人眼的视觉感知习惯让人身临其境。高分辨率、低延迟的显示是确保VR体验逼真性的重要因素，因为它们需要在实时模式下呈现图像，以响应用户的动作。

头戴式显示器

② 跟踪与定位系统

VR系统用来感知用户的位置、手势和动作，以更好地实现互动性、沉浸式体验并进行实时反馈。这些系统可以采用各种技术，包括摄像头、传感器、激光测距仪，以及惯性测量单元。通过追踪用户的头部、手部和身体运动，VR系统可以准确地更新虚拟环境，使用户感到他们真正存在于其中，这种实时的位置追踪对于创建沉浸式的VR体验至关重要。

跟踪与定位系统

③ 输入设备

通常包括手柄、手套、触摸屏、体感控制器等，这些设备使用户能与虚拟环境进行互动。当穿上VR装备，用户就像骑士手持利剑一样准备进入一场神奇的冒险，他们可以在虚拟环境中与龙王交谈、在迷宫里探索，或者与外星生物握手。输入设备的发展提高了用户的沉浸感和互动性，使他们能够触摸、抓取、移动虚拟物体，并与虚拟世界中的对象进行交互。

输入设备

④ 计算机硬件

VR需要大量的计算来呈现复杂的虚拟环境。强大的计算机硬件，如高性能的图形处理单元(GPU)和中央处理单元(CPU)，是支持VR体验的关键组成部分。这些硬件可以确保图像渲染的流畅性和质量，还能对复杂的虚拟环境进行实时计算和渲染。

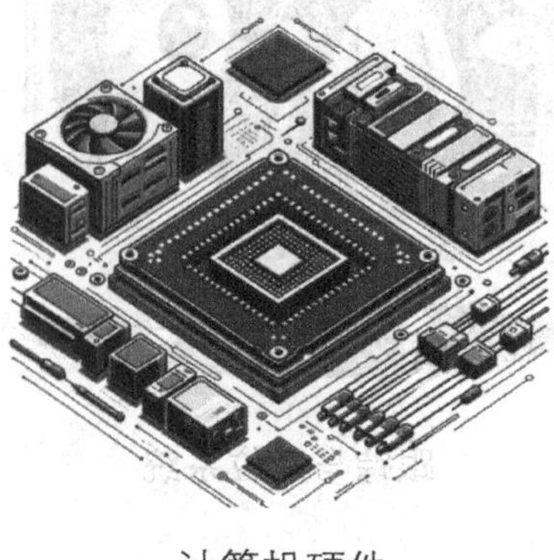

计算机硬件

⑤音频输出设备

高质量的音频输出能够深化用户的沉浸感，使虚拟环境更加生动和真实。通过精确模拟声音的方向和距离，音频输出设备能帮助用户找到身临其境的感受。常见的音频输出设备有专用VR耳机、头戴显示器内置耳机、无线及降噪耳机、环绕音响系统等，它们可用于提供立体声或空间音效，增强沉浸感。

音频输出设备

2）特征：沉浸互动性与模拟真实性

① 沉浸互动性

VR技术所呈现的沉浸互动性可谓前所未有。通过精妙的输入设备和跟踪系统，VR能为用户创造一个令人叹为观止的虚拟世界，这里充满机会和探索的无限可能。VR技术的互动性主要表现在以下几个方面：

- 用户自由掌控：VR头戴设备搭载内建传感器和跟踪系统，将用户从桌前束缚中解放出来。用户能够在虚拟环境中自如地行走、转身、弯腰，甚至蹲下，仿佛置身其中。这种自由度能赋予用户无尽探索虚拟世界的机会，使他们不需要使用传统的屏幕和键盘鼠标进行控制。
- 手势的魔法：VR系统还配备了手势识别技术，让用户可以用手势与虚拟环境互动。用户可以通过手势控制虚拟物体的运动、旋转、缩放等。

这能带来一种直观的体验，用户能像在真实世界中一样操作虚拟环境。

- 互动设备：用户经常携带各种互动设备，如感应手柄、触摸屏控制器或动作捕捉手套，与虚拟环境的各种对象和界面进行互动。这些设备能模拟物体的抓取、推动、拖动等动作，使用户能够在虚拟环境中实现多种互动行为。
- 社交互动：VR技术也支持多用户的社交互动。用户可以在虚拟世界中实时与虚拟角色互动，或与真实世界中的其他用户进行交流。这在多人游戏、虚拟协作以及教育合作等领域具有巨大潜力。
- 即时反馈：VR系统通常提供多层次的即时反馈，包括视觉、听觉和触觉反馈。例如，当用户触碰虚拟物体时，他们可以感受到触觉反馈，仿佛物体真实存在。这一机制能提高用户的沉浸感和互动体验感。
- 个性化的互动体验：VR系统能根据用户的动作、选择和偏好提供个性化的互动体验。这使得虚拟教育、培训和娱乐应用能够根据用户需求量身打造，给用户带来独一无二的体验。

总之，VR技术的互动性使用户能够与虚拟环境进行深度且多样化的互动，从而创造沉浸式、真实性和个性化的体验。这对于游戏、教育、医疗保健和培训等各种应用领域而言，都具有巨大的潜力。

② 模拟真实性

VR技术旨在精确模拟现实，这包括模拟真实世界的物理规律、光线、声音和物体行为。透过这一模拟真实性，VR技术能为用户提供更加逼真的体验，使他们能够在虚拟环境中进行实验、练习技能或沉浸式体验各种情境。VR技术模拟真实性主要表现在以下几个方面：

- 视觉细致：VR技术在视觉方面力求模拟真实性，通过高分辨率的头戴式显示器和先进的图形渲染技术，以逼真的方式呈现虚拟环境。它涵盖了细腻的景观、物体细节、光影效果以及色彩表现。视觉细致性带给用户的感觉是仿佛真的置身于场景之中，让他们能够在虚拟环境中自由探索和互动。

- 声音模拟:VR技术通过3D音频和全景声效来模拟真实声音环境。这意味着声音可以随用户位置和方向变化,用户能够分辨不同方向传来的声音,进一步增强虚拟环境的真实感。例如,在VR游戏中,用户可以通过声音判断不同角色的位置。
- 物理互动:VR技术模拟物体的物理行为,使用户能够与虚拟环境中的物体进行互动。这包括拾取、抓取、投掷虚拟物体等。虚拟物体的运动和互动受到虚拟环境内的物理规则的影响,使虚拟环境更加贴近真实。
- 触觉反馈:VR技术还通过触觉反馈设备,如力反馈手柄或触觉手套,模拟触摸和力量感知。用户可以感受到虚拟物体的质地、形状和重量,这进一步提高了虚拟环境的真实感。例如,在虚拟手术模拟中,医学生可以通过触觉反馈感受组织的硬度和压力。
- 时间和空间感:VR技术能够模拟不同时间和空间的场景,使用户体验时间的流逝和不同地点的探索。通过虚拟旅游、历史重现、未来预测等应用,用户可以感受到时间和空间的流动及变化。
- 情感和互动:VR技术可以模拟情感和互动,让用户与虚拟角色进行互动,并产生情感上的联系。因其能够提供情感支持和人际互动,所以在虚拟培训、心理治疗以及社交VR应用等方面具有发展潜力。

总之,VR技术从多个角度对现实进行模拟,构建出极为逼真的虚拟环境,使得用户可以沉浸其中。在教育、培训、娱乐等其他诸多领域,用户由此能够获得更具吸引力、更有成效的体验,而不断的改进与创新将持续推动VR技术的发展与广泛应用。

3)相关技术

当探讨VR技术时,我们常常被其复杂的技术细节所吸引。为了使不熟悉该领域的读者更好地理解这些技术的重要性,本部分我们将简要介绍VR中的一些关键技术，包括图形渲染技术、传感技术以及三维建模与虚拟世界创建技术的工作原理及其相关元素。

① 图形渲染技术

VR中的图形渲染技术是实现视觉效果的关键，负责将虚拟环境中的场景和物体转化为用户可视化的图像。以下是几种主要的图形渲染技术：

- 光线追踪：用于模拟光线在现实世界中的行为，产生逼真的阴影、反射和折射效果，从而增强VR的真实感。
- 体积渲染：适用于渲染复杂内部结构的三维对象，如人体器官或云层，通过考虑体积内每个点的光线传播方式来创建逼真的视觉效果。
- 纹理映射：允许将二维纹理图像映射到三维对象的表面，增加对象的细节和真实性，使虚拟环境中的物体如墙壁和地面具有更加逼真的纹理和颜色。

② 传感技术

传感技术是实现VR互动体验的基础，它们使用户能够感知并与虚拟环境交互。常用的传感设备包括：

- 激光测距仪：利用激光测量物体距离和位置，用于创建用户周围环境的深度图，提高虚拟环境的准确性和真实感。
- 摄像头：用于捕捉用户的动作和表情，将其转化为虚拟环境中的相应动作，增强用户的沉浸感。
- 陀螺仪：用于追踪用户的头部运动。当用户转动头部时，虚拟环境中的视角也相应变化。

③ 三维建模与虚拟世界创建技术

构建逼真的虚拟环境需要运用三维建模和虚拟世界创建技术，这些技术允许开发者设计和构建虚拟世界中的场景、物体和角色。

- 计算机辅助设计软件：用于创建精确的三维模型，适用于设计虚拟建筑和景观，如AutoCAD，SolidWorks和CATIA等。
- 三维建模软件：提供各种工具，使设计师和艺术家能够雕刻虚拟世界中的物体和场景，如Autodesk Maya，Blender和Autodesk 3ds Max等。
- 虚拟世界引擎：如Unity 3D和Unreal Engine，提供创建和管理虚拟环境所需要的一系列工具和功能。

综上所述，VR技术的发展离不开这些核心技术的支持，这些技术的不断进步也为VR在游戏、模拟训练、医学可视化等领域的应用带来了更广泛的可能性。随着这些技术的持续发展，未来的VR体验将变得更加逼真、互动性更强，为用户提供更多探索虚拟世界的奇妙体验。

3. 增强现实与混合现实：不同VR技术的特点和应用领域

1）增强现实

增强现实（Augmented Reality，AR）技术是一种模拟仿真的手段，它通过将虚拟信息与真实世界的场景结合在一起，给用户带来超越常规的感官体验。在这种技术下，真实环境与虚拟对象相互融合，它们能够在同一视觉画面及空间中共存，从而提升用户的感知和互动（卓今，2023）。

AR技术的本质特征在于其能在真实环境的基础上附加虚拟信息，创造出一种沉浸式的"增强"体验。想象一下，你正在使用AR眼镜参观博物馆。当你注视一幅绘画时，AR技术可以将相关的历史信息、艺术家传记以及相关文化背景以虚拟形式呈现在你的视野中。这将为你提供更丰富的艺术欣赏体验，使你能在观赏绘画的同时了解其历史和文化背景。

目前，AR技术已经在不同的领域中应用并取得了显著的进展。在教育领域，AR技术能够为学习者提供丰富的学习材料和交互体验，从而促进跨学科的学习。在数学教育中，AR和VR技术都可以让学习者进入虚拟世界，主动沉浸其中，与物体互动，从而提高他们的数学思维能力和空间能力（Cevikbas et al.，2023；Demitriadou et al.，2020）。在文化遗产保护方面，AR技术能够实现文化遗产与博物馆的重现，为观众提供更加丰富的文化体验，从而激发他们学习的兴趣与对文化遗产的价值的重视（Lee et al.，2021）。在外语学习中，利用AR技术，通过智能手机或AR眼镜等设备，可将现实世界中的对话情境重现，创造一个充满母语者的交流场所，这有助于改善外语学习者的发音。此外，AR技术能为外语学习提供更丰富、更互动和更实用的学习方式，通过利用AR技术，学生可以更好地理解词汇，在交互式体验中更高效地提升语言技能（Khan et al.，2023）。

2）混合现实

混合现实（Mixed Reality，MR）技术在VR技术领域中占据重要地位，其与AR的界限并不十分明确，可以说是AR和VR的结合（卓今，2023）。MR技术可将数字世界的虚拟元素与真实世界进行实时融合，使得虚拟与真实元素能够在同一场景中共存，并交互。MR技术的独特之处在于，它不仅叠加虚拟元素，还能够与物理环境进行交互，为用户创造一种更加综合的沉浸式体验。

在实际应用中，MR技术展现出具有实际价值的应用前景。自20世纪末以来，随着MR技术的不断发展，混合现实学习环境（Mixed Reality Learning Environments，MRLE）的兴起为数字学习环境带来了新的变革（Frank & Kapila，2017）。例如，斯坦福大学的虚拟人类互动实验室提供了一种全新的MR学习环境，学习者可以在其中深入探索海洋酸化的过程，并与虚拟环境进行实时互动，进一步了解相关的STEM学习主题*。在莱顿大学的教育科技创新团队开发的动态交互式解剖MRLE中，学习者可以使用自己的身体来研究解剖学，也可以与全息投影进行深度的实时

---

* STEM是一门课程，其思想是通过跨学科和应用的方法对四个特定学科（科学，技术，工程和数学）的学生进行教育。

交互,学习人体结构与解剖学知识。这种教学方式能降低教学成本,同时提高学习者的学习兴趣和参与度。目前已经有不少成功案例证明了MRLE在教育领域的广泛应用前景,但是要实现其广泛应用,仍需要等待MR技术的全面突破(范文翔、赵瑞斌,2019)。

第二节
元宇宙技术：从VR到数字化生态系统的进化

VR技术的不断演进为元宇宙的兴起奠定了坚实基础。元宇宙作为一个数字化的多维度生态系统，将虚拟和现实世界融合，能为用户提供前所未有的体验。这一技术的进化既包含技术层面的创新，也受到社会、文化和经济因素的影响。

1. 元宇宙相关技术的迭代与进步

VR和元宇宙的发展并非一蹴而就，而是经历了多次技术的演进和改进。本小节将深入探讨这一主题，以帮助读者理解技术如何推动元宇宙的不断进化。

1）硬件的革命

VR和元宇宙的早期发展面临许多挑战，其中之一是硬件的限制。早期的VR头戴式设备笨重且成本高昂，分辨率有限，这导致了视觉和运动的不逼真感。然而，技术的不断更新迭代为硬件带来了革命性的改进。

新一代的VR头戴式设备采用了更轻、更舒适的设计，同时配备了更高分辨率的显示屏和更先进的传感技术。这使得用户可以更好地在高清晰度的虚拟世界中漫游，感受更真实的体验。例如，头戴式设备中的眼动追踪技术可以追踪用户的视线，从而实现更逼真的注视效果，增加沉浸感。

2）网络和云计算的进步

元宇宙强调一个数字化的多维生态系统，身处其中的人可以与虚拟世界互动并共享信息，而这需要高速且稳定的网络连接以及强大的云计算作为支撑。在这方面，网络和云计算技术的进步发挥了关键作用。

高速5G网络的普及使得大规模多人虚拟环境成为可能。用户可以实时共享虚拟世界中的经历、交互和数据，这为社交元宇宙和协作工具提供了坚实的基础。同时，云计算技术的不断进步允许元宇宙平台在云端运行，这减轻了用户设备的负担，降低了硬件要求，使更多人能够轻松访问元宇宙。

3）人工智能的应用

人工智能在元宇宙中的应用也对技术的迭代和进步起到了关键作用。虚拟世界中的智能代理和虚拟角色可以通过机器学习和自然语言处理实现更自然、智能的互动。这使得虚拟世界更富有生命力，更具社交性。例如，在虚拟写作教学中，智能教练可以根据学生的学习风格和需求提供个性化的辅导。

元宇宙相关技术的不断进步推动了VR和元宇宙的演化，为用户提供更逼真、更丰富的体验，同时拓宽了元宇宙的应用领域。未来，我们可以期待看到更多的技术创新，为元宇宙带来更多的可能性。

2. 元宇宙的地基性技术与支柱性技术

元宇宙的地基性技术包括计算、存储、网络、系统安全和人工智能技术；支柱性技术则包括交互展示、数字孪生、身份与经济系统、内容创作和治理技术。这些技术共同构建了元宇宙的生态系统，使其成为一个充满可能性的数字世界（如下图所示）。

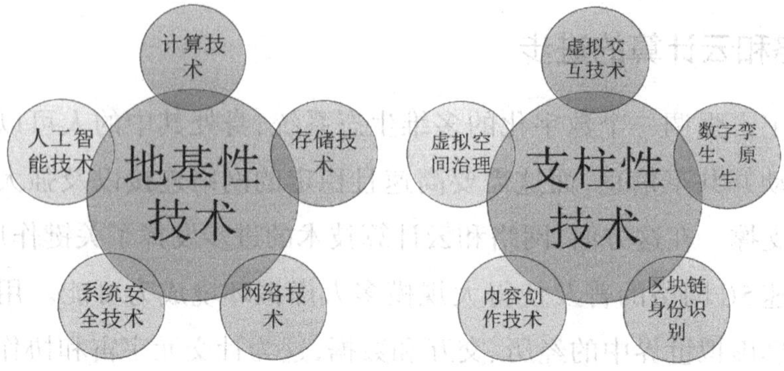

元宇宙地基性技术和支柱性技术

在本小节中，我们将以更生动的方式来探讨这些关键技术以及它们在元宇宙中的应用，同时加入一些假设的例子，使内容更引人入胜。以下分类参考自《元宇宙十大技术》*。

1）地基性技术

① 计算技术——展现超级计算的魔力

想象一下，在元宇宙的虚拟城市中，数百万个用户同时参与大规模的虚拟音乐会。这个音乐会可以实时模拟真实的音乐表演、观众互动和细致入微的视觉效果。这一壮观景象背后，是庞大的超级计算机集群在背后默默运转。这些计算机通过分布式计算和云计算技术，以高效的方式处理海量并发请求，呈现出精彩纷呈的虚拟音乐会。

② 存储技术——实现数字藏宝图的安全保管

在元宇宙中，VR游戏扮演着一个巨大的角色。想象一下，你在一个虚拟的奇幻世界中寻找宝藏，这个宝藏包含着珍贵的数字物品。这些物品有助于构建或改变你的虚拟身份和财富。在这个奇妙的冒险中，分布式存储技术负责安全地保存你的宝藏地图和珍贵物品，确保它们不会丢失或被盗。

---

*《元宇宙十大技术》，2022年中译出版社出版，作者是叶毓睿，李安民，李晖，岑志科，何超。

③ 网络技术——创造虚拟体验的无缝链接

在元宇宙的背景下，你能够实现即时的虚拟环境跃迁，从一个虚拟地点瞬间移动至另一地。假设你正在参加一个虚拟的全球文化节日，同时你的朋友正在世界的另一端参与一场虚拟越野赛。通过5G网络技术，你们可以实时传送自己的虚拟经历，分享彼此的冒险，就像坐在同一辆虚拟汽车中一样。这种无缝的互连性使得元宇宙成为一个真正全球性的数字社交空间。

④ 系统安全技术——打造虚拟身份的防护壳

在元宇宙中，你可能有多个虚拟身份，每个身份都代表着不同的数字资产和个人信息。假设你是一位数字艺术品收藏家，你的虚拟画廊展示着珍贵的数字艺术品。系统安全技术通过高级身份认证和区块链技术，为你的虚拟身份建立了坚不可摧的防护壳，确保你的数字艺术品不受未经授权的访问或盗窃威胁。

⑤ AI技术——彰显智能导游的魅力

在元宇宙中，你可以探索历史事件、虚拟景点和文化背景。想象一下，你正在参观古罗马的虚拟遗址，而你的虚拟导游是一位人工智能。这个AI导游能够即时回答你的问题，讲述古代历史，还可以为你提供逼真的虚拟场景重现。这种AI技术的应用使你能够与过去的文化互动，就像身临其境一样。

2）支柱性技术

① 交互与展示——营造身临其境的沉浸感

VR头戴设备能够让用户真正看到并融入虚拟世界。假设你正在参加一场虚拟登山探险，你能够感受到风的吹拂、岩石的质感和山脉的宏伟。触觉反馈技术还能够让你触摸、感知和互动，创造出身临其境的沉浸体验。

②数字孪生与数字原生——映射现实世界之镜

数字孪生，就像现实世界的镜子，将物理世界中的事物以数字化的形式映射到虚拟世界中。在教育领域，数字孪生可以为学生提供一种身临其境的学习体验。数字原生则是元宇宙中的原住民，它们在虚拟世界中诞生，具有独特的属性和功能。在教育领域，数字原生可以作为学习资源或工具，如虚拟角色、智能助教等，为学生提供个性化的学习体验。例如，学生可以通过与数字化的内容互动，进行语言学习和文化交流，以提高自己的语言应用能力和跨文化交际能力。

③创建身份与经济系统——彰显数字化身的力量

在元宇宙中，用户的数字身份充当了他们在虚拟世界中的独一无二的身份识别标志。假设你是一位虚拟创业家，你可以通过数字身份建立虚拟企业，并与其他数字原生企业进行合作。这些数字身份还可以管理你的数字资产，如虚拟货币、虚拟土地和数字商品。这个数字经济系统能为你提供创业和交易的全新平台。

④内容创作技术——缔造虚拟奇迹

假设你是一位虚拟世界的内容创作者，你可以使用先进的 VR 创作工具来设计虚拟世界的景观、角色和互动元素，从而带来引人入胜的虚拟冒险和故事。而你的奇思妙想将成为元宇宙中的虚拟奇迹。

⑤治理技术——维护公平与秩序

在元宇宙中，需要建立规则和法律来确保公平竞争、用户安全和虚拟社区的和谐。假设你是一位虚拟社交平台的管理员，你可以使用区块链技术和智能合约来维护社交平台的秩序，确保用户的数字权益得到保护。治理技术为元宇宙提供了稳定和可持续的发展环境。

这些地基性和支柱性技术，以及假设的例子，展示了元宇宙中的技术生态系统如何协同工作，为用户创造出惊人的数字体验和机会。从计算技术到数字原生经济系统，这个数字世界将继续发展和扩展，为我们的未来带来更多可能性。

3. 元宇宙空间的内容来源

接下来，我们一起探讨元宇宙空间的内容来源，包括专业生成内容、用户生成内容和人工智能生成内容。

1）专业生成内容

在元宇宙中，专业生成内容（Profession Generated Content，PGC）是由专业创作者、设计师和开发者制作的高质量虚拟体验和数字媒体。这些内容通常经过精心策划、设计和制作，旨在提供引人入胜的虚拟冒险、互动体验和数字商品。专业生成内容主要包括以下几个方面：

①虚拟世界设计

专业生成内容的一部分涉及虚拟世界的设计和构建。VR世界、数字游戏、虚拟城市等都是专业团队创建的虚拟空间，其目的在于吸引用户并提供沉浸式体验。例如，虚拟游戏制作公司可能会设计出一个未来的科幻世界，供玩家进行探索和互动。

②数字艺术与娱乐

专业生成的内容包括数字艺术品、虚拟音乐会、数字电影和互动演出等。这些内容可以让用户在元宇宙中欣赏艺术、参与娱乐活动，或与其他用户互动。例如，艺术家可以在虚拟画廊中展示他们的数字艺术作品，而音乐家可以在虚拟音乐厅中进行现场表演。

③ 教育和培训

专业生成内容还涉及教育和培训领域，且具有很大的潜力。虚拟学习环境、培训模拟和教育游戏是专业团队创建的内容，其目的是提供交互式且效果良好的学习体验。例如，在虚拟化学实验室里，学生可以进行化学实验，而无需使用真实化学试剂。

2）用户生成内容

用户生成内容（User Generated Content，UGC）是元宇宙中信息的另一个重要来源。这些内容是由普通用户或社区成员创建的，通常是为了分享、交流和参与元宇宙社交互动。

① 虚拟社交互动

用户可以在元宇宙中创建自己的虚拟角色、房屋和物品。他们可以与其他用户进行社交互动，分享虚拟生活的点滴。这包括互动聚会、即时聊天、多人游戏和自由探索虚拟世界等。例如，用户可以自行设计并装饰他们的虚拟家园，与朋友举办虚拟生日派对，或参加虚拟音乐会。

② 内容创作

用户生成的内容也包括用户创作的数字艺术、虚拟物品和建筑。他们可以使用虚拟创作工具，如3D建模软件和虚拟世界引擎，来设计和实现自己的创作。这些内容可以在虚拟市场上出售或与其他用户分享。例如，用户可以设计出一款独特的虚拟汽车，并在虚拟汽车展览中对其进行展示。

③ 社交媒体和内容分享

用户还可以在元宇宙中利用社交媒体平台分享自己的虚拟冒险和经历。他们能够拍摄虚拟风景照片、制作虚拟游记视频，或撰写有关虚拟旅程的博客文章，并且将这些内容与不同的社交媒体进行连接，方便大众进行分享和讨论。

3）人工智能生成内容

人工智能生成内容（Artificial Intelligence Generated Content，AIGC），是指AI可以用于自动生成虚拟世界的场景、角色和任务，从而为用户提供更多的虚拟体验。

①自动生成虚拟场景

借助AI技术，元宇宙可以自动生成虚拟世界的景观和地形。这意味着虚拟地球上可以有数不尽的虚拟地点，每一个都有独特的地貌、生态系统和气候。例如，在《无人深空》（No Man's Sky）中，AI可以生成一个未知的虚拟星球，供用户探索。

②自动生成任务和故事情节

AI还可以自动生成虚拟世界中的任务、故事情节与互动。这些任务可以包括冒险任务、解谜任务等，让用户能够在虚拟世界中追求目标。例如，AI可以为用户创建一个虚拟宇宙中的任务，用户需要解开一系列谜团，以获得奖励。

③虚拟角色的行为

就像电子游戏里的非玩家角色（NPC）一样，AI同样也能够控制虚拟角色的行为模式和反应反馈。这意味着虚拟NPC可以根据用户的行动做出不同的反应，使互动更具挑战性和真实性。例如，在一个虚拟社交场所中，虚拟NPC可以模拟真实社交互动，对用户的问题作出有情感的回应。

以上三个内容来源——专业生成内容、用户生成内容和人工智能生成内容，共同构成了元宇宙的多样化和丰富性。它们相互交织，能为用户提供无限的虚拟体验和可能性,使元宇宙成为数字创意和互动的乐园。

4. 元宇宙:数字化的多维生态系统

元宇宙被誉为数字时代的创新风潮,它凭借卓越的多维度特性,将虚拟和现实世界紧密交织,构建了一个复杂而丰富的数字生态系统。这一概念不仅引领着技术的发展,更在社会、文化和经济领域中产生了深远的影响。接下来我们将简要介绍元宇宙作为数字化多维生态系统的构成要素和特性、社会融合与互动、文化多元和全球交流,推动作用与未来展望。

元宇宙之所以被称为数字化生态系统,源于其在构建中融合了多个维度的元素。技术上,元宇宙融合了VR、AR和MR等技术,创造出一个多模态的、多样性十足的虚拟环境。用户可以通过头戴式设备、手势控制等与虚拟世界进行实时互动,实现身临其境的感受。区块链等技术也为元宇宙提供了去中心化和不可篡改的数据,保障用户隐私和数字资产的安全。

元宇宙也是一个包含多种应用、服务和体验的生态系统。从游戏、社交到商业和教育,元宇宙提供了一个多元化的平台,能满足不同用户的需求。在元宇宙中,用户的行为和交互可以持续存在,即使下线后,其影响和改变仍然被保留。

元宇宙在社会维度上能提供全新的互动和社交机制,为用户创造虚拟社区。用户可以在虚拟世界中建立社交关系、分享经验、共同创作内容。元宇宙通过提供一个沉浸式的社交空间,使用户跨越物理限制,建立新的社交联系,这不仅改变了传统的社交互动模式,还为全球范围内的文化交流和协作创造了新机遇。

以国外一个十分受欢迎的允许用户创作各种类型的游戏和虚拟世界的平台"Roblox"为例,用户可以在其中创造独特的虚拟场景、角色和游戏规则,与其他用户一同参与互动和娱乐(Johnson, 2020)。这种社交和创作的机制不仅能满足用户的娱乐需求,还能促进用户的创造力和协作能力的培养。

元宇宙提供了一个无国界的虚拟空间,让来自不同文化背景的人们相遇、交流和共享体验。在这个环境中,用户不仅能够展示自己的文化,还可以轻松地接触并学习其他文化,从而增进全球范围内的理解与尊重。此外,元宇宙也能为语言学习和文化教育提供独特的平台,使得学习更具互动和沉浸感。通过这种方式,元宇宙可以促进文化的多样性和全球范围内的文化交流,这对于建立一个更加包容和联通的世界至关重要。用户可以通过虚拟场景、虚拟人物等展示和分享自己的文化特色。

例如,在格雷厄姆·盖勒(Graham Gaylor)和杰西·荷德瑞(Jesse Joudrey)开发的免费大型多人线上VR平台"VRChat"上,用户能以虚拟人物身份接触来自各种不同文化背景的人物,与他们进行全球范围的互动,这种跨文化的交流不仅能促进全球文化的多元发展,还可以帮助用户培养跨文化交际能力。

元宇宙创造了一个超越物理界限的交流平台,促进全球化的社会互动和沟通,使得文化交流和全球合作更加便捷。元宇宙也提供了一个沉浸式学习环境,特别是在外语教学领域,为学习者打造更加生动、极具互动的外语学习环境。元宇宙也为商业和娱乐行业带来新的模式和市场机遇,从虚拟商品交易到数字化娱乐内容的创造,都将是未来发展的重点。当然,元宇宙在带来机遇的同时,也提出了隐私、安全、道德等方面的挑战,需要未来的政策制定者、技术开发者和社会各界共同解决。

元宇宙的崛起标志着VR技术从单一的沉浸体验向多维度的数字生态系统发展。不仅如此,元宇宙还推动了VR、AR、AI等前沿技术的发展,为各行各业提供了新的发展动力。它不仅满能足人们对娱乐、交流和创造的需求,更能推动科技、文化和社会的深度融合与发展。未来,元宇宙有望与AI、大数据分析等技术相结合,为用户提供更加个性化、智能化的体验,将虚拟和现实融合得更加紧密。

第三节
元宇宙带来的创新应用

元宇宙的兴起为多个领域带来了机遇和创新，例如工作健康，娱乐教育等，其应用正逐步展现出令人瞩目的前景。元宇宙的本质特征，如虚拟性、社交性和互动性，为其在这些领域的应用提供了丰富的可能性，带来了前所未有的创新。

1. 工作领域的创新

1）办公模式更新

① 远程协作新方式

员工不再受传统办公地点限制，通过元宇宙虚拟办公空间，无论相隔多远都能以虚拟形象相聚。在这里，沟通无距离阻碍，团队成员可随时随地交流协作。这种远程协作模式减少员工通勤时间和成本，为无法到传统办公地点工作的人提供便利，也能吸引更多优秀人才加入，同时，促进跨地域、跨文化团队合作，为企业带来更多创新发展机遇。

② 个性化办公环境的打造

企业可根据自身品牌形象、文化价值观及员工需求喜好，在元宇宙中自由设计布置办公场景。如设置在现代化都市中心或宁静自然景观处。员工也能根据个性和工作习惯对自己的虚拟办公空间进行个性化设置，提升工作满意度和舒适度，激发创造力和工作热情。

2) 设计与创意工作的创新

① 全新创作平台

- 打破物理束缚:元宇宙为设计师提供了一个突破现实世界物理限制的创作空间。设计师们可以在这里构建出各种令人惊叹的场景,从宏伟的古代城堡到充满未来感的星际都市,从神秘的魔法森林到绚丽的海底世界,创意得以尽情释放。
- 大胆创新尝试:在元宇宙中,设计师不再受材料、成本和空间等因素制约,可以大胆尝试各种创新的设计理念。无论是建筑、室内还是游戏场景设计,都能找到属于自己的创作天地。
- 实时协作共创:设计师们可以在元宇宙中与其他设计师实时协作,共同打造更加完美的作品。通过虚拟空间的连接,不同地域的设计师可以汇聚智慧,为创意工作注入新的活力。
- 直观互动平台:元宇宙为设计师和客户提供了更加直观的互动平台。客户可以通过虚拟现实设备进入虚拟场景,亲身体验设计方案的效果,提出具体的修改意见,使设计作品更符合客户需求。

② 高效设计工具

- 实时观察调整:VR和AR技术让设计师能够实时观察和调整设计效果。在建筑设计中,设计师可以在虚拟建筑模型中自由穿梭,感受空间布局和尺度,及时发现问题并调整;在工业设计中,可将虚拟产品模型与现实场景结合,查看实际使用效果进行优化。
- 提高设计效率:元宇宙中的高效设计工具不仅提高了设计的准确性和效率,还为设计师提供了更多灵感和创意来源。使设计过程更加生动有趣,激发设计师的创作热情,推动设计行业不断进步。

3) 市场营销与客户服务

① 虚拟展示与体验

- 沉浸式产品展示：企业可以在元宇宙中构建虚拟的产品展示厅或体验中心，为客户带来前所未有的沉浸式体验。例如，汽车厂商可以打造逼真的虚拟展厅，客户在其中自由漫步，近距离观察汽车的外观设计、内饰细节，甚至打开车门、坐进驾驶座，感受汽车的各项功能。这种沉浸式的展示方式能让客户更直观地了解产品的特点和优势，提高购买意愿。
- 个性化体验定制：元宇宙中的虚拟展示可以根据客户的需求和喜好进行个性化定制。客户可以选择不同的场景、颜色、配置等，定制属于自己的独特体验。例如，在虚拟的家居展示厅中，客户可以根据自己的家居风格和空间需求，选择不同的家具款式、颜色和布局，提前感受家居装饰的效果。这种个性化的体验定制能够满足客户的个性化需求，提高客户的满意度和忠诚度。
- 跨时空体验：元宇宙的虚拟展示打破了时间和空间的限制，客户可以随时随地进行产品体验。无论身在何处，只要有网络连接，都可以通过虚拟现实设备进入元宇宙中展示厅，进行产品的体验和了解。这种跨时空的体验方式能为企业拓展市场范围，提高产品的曝光度和销售机会。

② 虚拟客服与互动营销

- 智能虚拟客服：通过虚拟角色或智能机器人作为客服，为客户提供实时的服务和解答。这些虚拟客服可以通过语音识别、自然语言处理等技术，与客户进行流畅的对话，解答客户的问题，提供产品的信息和建议。虚拟客服还能根据客户的需求进行个性化的服务推荐，提高客户的体验和满意度。
- 互动营销活动：企业可以在元宇宙中举办各种虚拟活动、发布会等营销活动，吸引客户的参与和关注。例如，企业可以在元宇宙中举办虚拟新品发布会，邀请客户参加，通过虚拟现实技术展示产品的特点和优势，与客户进行互动交流，收集客户的反馈和意见。这种互动营销活动能够增强客户的粘性和忠诚度，提高品牌的知名度和影响力。

- 社交化营销：元宇宙中的虚拟展示和互动营销活动具有社交化的特点，客户可以与其他客户进行交流和互动，分享自己的体验和感受。企业可以利用这种社交化的特点，开展社交化营销活动，鼓励客户进行口碑传播，提高品牌的美誉度和市场份额。例如，企业可以在元宇宙中举办虚拟的用户体验分享会，邀请客户分享自己的使用体验和感受，通过社交网络进行传播，吸引更多的潜在客户。

2. 元宇宙在健康领域的创新

1）医疗培训与手术模拟

① 高度逼真的训练环境

元宇宙为医学生和医生提供了一个前所未有的虚拟手术模拟环境。在这个环境中，每一个细节都被精心构建，从人体器官的形态、结构到手术器械的操作手感，都尽可能接近真实。医学生们可以在这里反复进行手术训练，熟悉各种手术流程和操作技巧，而不必担心对真实患者造成伤害。医生们也可以利用这个环境进行高难度手术的模拟演练，提前预演可能出现的各种情况，提高手术的成功率。

② 远程协作与交流

元宇宙打破了地域限制，让全球的医学专家能够在虚拟空间中共同参与手术模拟和讨论。不同地区的医生可以通过虚拟形象进行实时交流和协作，分享各自的经验和见解，共同攻克疑难病症。这不仅能提高医疗资源的利用效率，还能促进医学知识的传播和交流。

③ **个性化培训方案**

根据不同学员的学习进度和能力水平，元宇宙可以为他们定制个性化的学习路径和培训方案。例如，对于基础薄弱的学员，可以提供更多的基础知识讲解和简单手术的模拟练习；对于经验丰富的医生，可以提供高难度手术的挑战和复杂病例的分析。这种个性化的培训方案能够更好地满足学员的需求，提高培训的效果和质量。

2）远程医疗与诊断

① **沉浸式患者体验**

患者可以通过虚拟现实技术向医生展示自己的症状和病情，让医生更直观地了解患者的情况。例如，患者可以在虚拟环境中模拟自己的疼痛部位、症状表现等，医生可以通过虚拟现实设备进行观察和诊断。这种沉浸式的患者体验能够提高诊断的准确性和效率，减少误诊和漏诊的风险。

② **远程会诊与治疗**

元宇宙使得远程医疗成为可能，患者可以在家中通过网络连接与医生进行远程会诊和治疗。医生通过虚拟形象与患者进行面对面的交流，查看患者的病历和检查报告，制定个性化的治疗方案。同时，医生还可以利用远程监测技术，实时了解患者的身体状况，调整治疗方案。这种远程医疗能为患者提供更便捷、高效的服务，特别是对于行动不便或偏远地区的患者来说，意义重大。

③ **健康管理与预防**

元宇宙中的可穿戴设备和传感器能实时监测患者的生命体征和健康状况，为医生提供准确的诊断数据。同时，这些设备还可以为患者提供个性化的健康管理建议，帮助患者预防疾病。例如，通过监测运动数据、睡眠质量等，为患者制定合理的运动计划和睡眠改善方案。这种健康管理与预防的方式能够提高患者的健康意识和自我管理能力，降低医疗成本和社会负担。

3. 娱乐领域的创新

1）沉浸式游戏体验

① 高度逼真的虚拟世界

元宇宙为游戏玩家打造了一个极其逼真的虚拟世界。从细腻的场景画面到真实的物理效果，玩家仿佛置身于全新的现实之中。无论是奇幻的魔法王国、浩瀚的宇宙星空还是紧张刺激的战场，都能让玩家获得身临其境的感受。

② 个性化角色塑造

玩家可以在元宇宙游戏中自由塑造自己的角色，从外貌、服装到技能和性格，每一个细节都可以根据自己的喜好进行定制。这种个性化的角色塑造让玩家能够更好地融入游戏世界，展现自己的独特风格。

③ 社交互动与合作

元宇宙游戏不仅仅是个人的娱乐，更是一个社交平台。玩家可以与来自世界各地的其他玩家互动、交流、合作，共同完成任务、挑战对手。这种社交互动增强了游戏的趣味性和持久性，让玩家在游戏中结交朋友，拓展社交圈子。

2）虚拟演出与活动

① 震撼的视听效果

元宇宙中的虚拟演出和活动能提供令人震撼的视听效果。通过先进的VR和AR技术，观众可以身临其境地感受音乐、舞蹈、戏剧等艺术表演的魅力。舞台效果、灯光设计、音效等都能达到前所未有的高度，为观众带来一场场视觉和听觉的盛宴。

② 个性化的观演体验

观众可以在元宇宙中根据自己的喜好选择不同的观演位置、视角和互动方式。他们可以近距离观看演员的表演，也可以从高空俯瞰整个舞台。同时，观众还可以与演员进行互动，参与演出的过程，让观演体验更加丰富和个性化。

③ 跨时空的参与

元宇宙的虚拟演出和活动打破了时间和空间的限制，观众可以随时随地参与其中。无论身处何地，只要有网络连接，观众就可以进入虚拟演出场地，与其他观众一起享受精彩的表演。这种跨时空的参与方式为观众提供了更多的选择和便利，也为演出行业带来了新的发展机遇。

3）创意内容创作与分享

① 丰富的创作工具

元宇宙为创作者提供了丰富多样的创作工具，让他们能够轻松地创造出各种精彩的娱乐内容。无论是游戏、音乐、视频还是艺术作品，创作者都可以在元宇宙中找到适合自己的创作平台和工具，发挥自己的想象力和创造力。

② 便捷的分享平台

创作者可以在元宇宙中方便地分享自己的作品，与其他创作者和观众进行交流和互动。通过社交网络、虚拟社区等平台，作品可以迅速传播，获得更多的关注和认可。这种便捷的分享方式激发了创作者的积极性，促进了娱乐内容的不断创新和发展。

③ 粉丝经济的新形态

元宇宙中的娱乐内容创作也带来了粉丝经济的新形态。粉丝可以通过虚拟货币、数字藏品等方式支持自己喜欢的创作者，与创作者建立更加紧密的联系。同时，创作者也可以通过粉丝的支持获得更多的收益和动力，进一步推动娱乐内容的创作和发展。

4. 元宇宙在教育领域的创新

元宇宙在教育领域的创新体现在多个方面：

1）教学环境与场景创新

① 虚拟教室

元宇宙可以构建高度逼真的虚拟教室，模拟真实教室的场景和氛围，桌椅、黑板、投影仪等一应俱全。学生以虚拟化身的形式进入其中，打破了时间和空间的限制，实现远程实时互动。例如，身处不同城市的学生可以在同一间虚拟教室中上课、讨论，仿佛置身于真实的课堂环境中，极大地拓展了教育的覆盖范围。

② 历史文化场景重现

元宇宙能够重现历史事件和场景，让学生身临其境地参与其中。学生可以在虚拟环境中探索古代文明、历史战役、重要历史事件等。比如，学生可以“穿越”到古罗马的竞技场，感受当时的壮观场景和紧张氛围；也可以“回到”辛亥革命时期，亲身体验那段波澜壮阔的历史，这种方式能让学生更加深入地理解和记忆历史知识。

③ 模拟实验环境

对于一些实验条件要求高、危险性大的学科，元宇宙提供了安全且高效的模拟实验环境。在虚拟实验室中，学生可以进行各种科学实验，如化学反应、物理实验、生物解剖等。学生可以反复操作，不用担心实验材料的消耗和实验操作的危险性，同时也能够更直观地观察实验现象和结果，有助于提高实验技能和实践能力。

2）教学方式与体验创新

① 个性化学习

每个学生的学习方式、进度和兴趣都不同，元宇宙可以根据学生的个人特点和需求，为其提供个性化的学习体验和教学方式。系统可以分析学生的学习数据，了解他们的知识储备、学习习惯和兴趣爱好，从而推送适合的学习内容和课程。例如，对于数学基础较好的学生，可以提供更具挑战性的数学拓展课程；对于喜欢艺术的学生，则推送相关的艺术创作课程。

② 沉浸式学习

元宇宙的虚拟现实技术能够为学生带来沉浸式的学习体验，让学生与知识融为一体，提高其学习的专注度和兴趣。例如，在学习地理知识时，学生可以通过虚拟现实设备，仿佛置身于地球的各个角落，亲身体验不同地区的地形地貌、气候特点等；在学习语言时，学生可以进入虚拟的语言环境中，与虚拟的母语者进行交流，提高口语表达和听力理解能力。

③ 游戏化学习

将游戏元素融入教育中，通过设计有趣的游戏任务、关卡和奖励机制，激发学生的学习动力和竞争意识。例如，学生可以在元宇宙中参与知识竞赛游戏，与其他同学一起竞争排名，在游戏过程中巩固所学知识；或者参与角色扮演游戏，扮演不同的职业角色，在虚拟的工作场景中学习相关的职业技能和知识。

3）教育资源与内容创新

① 全球教育资源共享

元宇宙打破了地域限制，使全球的教育资源能够更加便捷地共享。学生可以访问世界各地的虚拟图书馆、博物馆、学术讲座等，获取丰富的学习资料和知识。例如，学生可以在线参观卢浮宫的艺术展览，欣赏世界名画；也可以聆听国外知名教授的讲座，拓宽国际视野。

② 实时更新的内容

教育内容可以在元宇宙中实时更新和优化，保持与学科前沿的紧密联系。教师可以根据最新的研究成果和教学需求，及时更新课程内容和教学资源。同时，学生也可以参与到内容的创作和更新中，通过发表自己的见解和作品，丰富教育资源的多样性。

③ 多模态教学内容

元宇宙支持文字、图片、音频、视频、3D 模型等多种模态的教学内容，为学生提供更加丰富的学习体验。例如，在讲解人体解剖学知识时，除了文字和图片介绍，还可以使用 3D 模型展示人体的内部结构和器官组织，让学生更加直观地理解；在音乐教学中，可以通过音频和视频的结合，让学生感受不同音乐风格的魅力。

4）社交与协作学习创新

① 跨校、跨地域协作

学生可以在元宇宙中与来自不同学校、不同地区的学生进行协作学习，共同完成项目、作业和课题研究。这种跨校、跨地域的协作能够让学生接触到不同的思维方式和学习方法，培养团队合作能力和沟通能力。例如，不同学校的学生可以组成一个虚拟的科研团队，共同开展一项科学研究项目，在项目过程中互相学习、互相支持。

② 师生互动增强

元宇宙中的师生之间互动方式更加多样化和便捷化。教师可以通过虚拟化身与学生进行面对面的交流和指导，及时解答学生的问题；学生也可以更加自由地向教师提问和请教，增强师生之间的沟通和信任。此外，教师还可以组织虚拟的学习小组和讨论活动，促进学生之间的交流和互动。

5）教育评估与管理创新

① 多元化评估方式

元宇宙为教育评估提供了更多的可能性，除了传统的考试、作业等评估方式外，还可以通过学生在虚拟环境中的表现进行评估。例如，评估学生在虚拟实验中的操作技能、在团队协作中的表现、在讨论活动中的参与度等，从而更加全面地了解学生的学习情况和能力水平。

② 教学管理智能化

学校和教育机构可以利用元宇宙的技术实现教学管理的智能化。例如，通过大数据分析学生的学习数据，为教学决策提供依据；实现课程安排、学籍管理、教学资源分配等的自动化管理，提高教学管理的效率和质量。

以上我们总结了元宇宙在教育方面的创新。元宇宙为教育带来了全新的机遇，它通过创新教学环境与场景、教学方式与体验、教育资源与内容、社交与协作学习以及教育评估与管理等多个方面，极大地拓展了教育的可能性，为学生提供更加丰富、个性化和高效的学习体验，有望推动教育迈向新的高度。

第三章

外语习得理论与元宇宙

学习是一种积极的行为，是获取知识和技能的途径，而学习过程则可以通过创造性的教学方法得以改进和深化。随着数字化时代的到来，VR技术引领着教育的新潮流，为外语学习提供了全新的可能性。身处数字化时代，我们站在了一扇新的大门前，这个大门连接着外语学习的现实和虚拟世界。借助元宇宙技术，我们可以突破时空的限制，创造出丰富多彩的虚拟语言学习场景。在这个虚拟世界中，学习者可以与虚拟角色互动、模拟日常生活，实现真实语境下的语言练习。

本章将聚焦于外语习得理论与元宇宙的交汇，我们将从行为主义、认知主义和社会文化理论的视角，探讨在元宇宙的数字化环境中，不同的理论观点如何支持外语学习的创新。

行为主义理论的精髓在于积极的反馈和激励，认知主义则强调个体的主动学习过程，而社会文化理论关注知识在社会交往中的共同构建。元宇宙为我们提供了一个理想的平台，使这些不同理论观点能够相互交融，从而丰富外语学习的维度。通过这个引人入胜的交汇，我们将探索如何将主流学习理论的思想融入元宇宙的数字生态中，以推动外语学习的革命性发展。

第一节
行为主义视角

1. 行为主义的内容及主要观点

1) 行为主义内容

行为主义学习理论认为,语言学习是通过对外界刺激做出正确的反应,逐渐形成说话习惯的过程,即人类的所有行为都是习得的,而行为可以用经典条件反射或操作性条件反射来解释(Brown, 2014; Skinner, 1984)。行为主义理论的核心思想是,学习是通过对外部刺激做出反应来实现的,而行为的结果将决定学习者是否继续展示这种行为。行为主义学习理论是在巴甫洛夫的条件反射概念、斯金纳的操作制约观点以及行为主义和结构主义语言学研究的基础上逐步形成并得到相应发展的(刘延, 2009)。

根据行为主义的观点,语言习得是在反复输入的语言刺激与学习行为过程中形成的。具体来说,学习者在接触到特定语言的声音、词汇和句子结构等刺激时,可通过模仿和重复来逐渐习得这种语言。学习者在获得积极反馈(奖励)的情况下,倾向于重复表现出正确的语言行为,从而巩固和加强这些语言知识和技能(Ellis, 1985; Williams, 2017)。

2) 行为主义的主要观点

根据Brown,Skinner,Ellis和Williams的观点,在语言学习中,行为主义理论强调以下几个关键要点:

① 刺激与响应

行为主义强调环境刺激与个体行为之间的直接关系。在这个理论框架下，个体对来自外部环境的刺激做出相应的行为，这一行为被称为响应。刺激和响应之间的关系是通过学习和经验建立的。在语言学习中，刺激可以是语音、文字或视觉材料，而响应则是学习者对这些刺激做出的反应，如回答问题、重复语句等。

② 强化与奖励

个体的行为可以通过强化来增进。强化是指任何能够增加某种行为频率的刺激或事件（Schunk，2020）。奖励是一种积极的强化形式，可以是物质的、社会的，或者是一种愉悦的体验。在语言学习中，学习者在完成正确的语言任务后获得积极的奖励，如赞扬、积分、勋章等，会增强他们的学习动机和兴趣。

③ 模仿与重复

行为主义理论强调通过模仿和重复来学习新的内容。个体通过观察他人的行为并模仿，或者通过自己经验中的成功和失败来形成新的行为模式。重复是学习的关键，通过不断地练习与重复，个体可以巩固并加深对特定行为的记忆和掌握程度。例如，学习者可以模仿母语人士的发音和语调，通过不断的重复来掌握正确的语音和语法表达。

④ 条件反射

条件反射是行为主义理论中的一个重要概念，它阐释的是在特定刺激情形下所形成的无意识且自动的反应。这种反应是通过以往的学习和训练建立起来的。例如，语言学习者通过不断地接触和使用语言，建立起语言刺激与语言反应之间的联系。这个过程可能涉及听、说、读、写等多种语言技能的训练，学习者由此逐渐形成对特定语言要素的条件反射。

行为主义理论由于较少关注学习者内在的思维和认知过程，在语言学习领域受到了一定的批评，但它仍然对教育实践产生了重要影响。在语言教学中，行为主义理论的原则可以用于设计有效的教学方法和策略，如利用激励和反馈来增强学习动机，通过模仿和重复来巩固语言知识，以及创造积极的学习环境来促进语言习得。

2. 行为主义视角下的元宇宙

在了解了行为主义理论后，我们将详细分析行为主义视角下应该如何使用元宇宙。

1）强化机制与积极反馈：如何在元宇宙中增强正向学习体验

在现代教育领域，元宇宙技术的崛起为学习者创造了一个沉浸式、多元化的学习环境。借助元宇宙的特点，教育者可以利用行为主义理论中的强化机制和积极反馈原则，设计更具吸引力和有效性的学习体验。接下来我们将探讨如何在元宇宙中运用行为主义理论，通过强化机制和积极反馈，实现正向学习体验的提升。

① 强化机制在元宇宙中的应用

行为主义理论强调学习是一种基于刺激和反应的过程，而强化机制是引导和加强学习行为的关键要素。在元宇宙中，强化机制可以通过各种互动和反馈手段得以实现。一个典型的例子是虚拟奖励系统，它通过给予学习者虚拟奖励、奖章或积分，激励他们在学习任务中取得成绩。比如，当学习者完成一项语言练习后，系统可以给予虚拟金币或成就徽章，从而强化他们的积极学习行为（曹鹭，2022）。

案例:设想一个语言学习的元宇宙应用,学习者可以进入虚拟城市,在城市中完成各种语言任务。当学习者成功完成任务时,系统会奖励他们虚拟货币,这些货币可以用于购买虚拟商品、解锁新任务或与其他学习者进行竞争。这种虚拟奖励系统能够激发学习者积极参与学习,从而提升学习效果。

② 积极反馈的重要性与实现方法

积极反馈是行为主义理论的核心概念之一,它可以在学习者完成任务时提供积极的信息反馈,强化他们的正确行为。在元宇宙中,积极反馈可以通过多感官的形式来实现,如视觉特效、听觉语音、触角交互等方式。例如,当学习者正确发音或运用语法规则时,系统可以提供即时的声音、图像或特效的表扬来增强他们的学习成就感。

案例:设想在一个元宇宙语言学习应用中,学习者在虚拟场景中与虚拟角色进行语言对话练习。当学习者使用正确的语法结构时,虚拟角色会通过积极的表情和语气给予回应,比如给予鼓励的掌声、笑声等。这种实时的积极反馈能够增强学习者的自信心,促使他们更频繁地尝试正确的语言表达。

③ 个性化强化机制的设计

行为主义理论强调个体差异,因此,在元宇宙中应用强化机制和积极反馈时,个性化设计是至关重要的。个性化的强化机制可以根据不同学习者的兴趣、学习进度和需求进行调整,确保每个学习者都能获得恰当的激励。同样,个性化的强化也应该根据学习者的表现进行调整,及时识别并强化他们的正确语言行为。

案例:在一个元宇宙语言学习应用中,系统可以根据学习者的能力水平和兴趣爱好，自动为他们推荐适合的学习任务。同时，系统可以根据学习者的错误率和进步情况，调整反馈的频率和内容。例如，对于已经掌握一定语法规则的学习者，系统可以提供更多情境对话练习，以强化他们的语言应用能力。

行为主义理论中的强化机制和积极反馈原则为元宇宙中的正向学习体验提供了有力的支持。通过设计个性化的强化机制和积极反馈，教育者可以激发学习者的兴趣、提高学习者的学习动机，从而帮助他们在元宇宙情境中实现更有效的外语学习。

2）虚拟奖励与反馈：元宇宙技术如何强化学习动机

① 行为主义理论与学习动机

行为主义理论强调，学习是通过对外部刺激做出反应来形成的。其中，奖励和反馈是促进学习动机的重要因素。当学习者在获得积极的奖励和反馈时，他们倾向于表现出能导向奖励的行为。在虚拟学习环境中，元宇宙相关技术为设计激励机制带来了丰富的可能性，增强学习者的体验感和学习动机。

② 元宇宙中的虚拟奖励系统

在元宇宙中，可以设计虚拟奖励系统来激励学习者积极参与学习活动。虚拟奖励可以是点数、勋章、道具等，通过展示学习者的成就，增强他们的满足感和自豪感。这种积极反馈可以激发学习者的学习兴趣，促使他们更加专注地参与学习活动。

③ 虚拟奖励对学习动机的影响

使用虚拟奖励有助于增强学习者的学习动机，使其更积极地参与学习活动。通过设定明确的学习目标和奖励机制，学习者在完成任务时会获得即时的正向反馈，这种反馈可以激发他们的成就感和满足感。例如，语言学习应用可以设定学习目标，如学习者每日完成一定数量的语言练习后，会获得虚拟勋章或奖励，这些勋章和奖励可展示在学习者的"数字名片"中。这种虚拟奖励不仅能增强学习者的自信心，还能让他们体验到学习的积极成果，从而进一步提高学习动机。

④ 案例：Duolingo的虚拟奖励机制

Duolingo是一款广受欢迎的语言学习应用，它巧妙地运用了虚拟奖励机制来增强学习者的学习动机。在Duolingo中，学习者完成语言练习后可以获得虚拟硬币和经验值，从而解锁新的课程和关卡。此外，Duolingo还设有日常目标，如果学习者连续完成学习任务，他们将获得虚拟奖励和积分。这种奖励机制能激发学习者的竞争意识和自我挑战欲望，使他们更加积极地投入学习过程。

通过元宇宙技术构建的虚拟奖励系统可以有效地强化学习动机，使学习者更积极地参与学习活动。虚拟奖励不仅是一种激励机制，更是一种促使学习者积极投入学习的心理动机。它具有如下作用：首先，通过在学习环境中引入虚拟奖励，可以有效地激发学生的学习兴趣，使学习过程变得更加愉悦。其次，虚拟奖励还有助于塑造学生的自我效能感，即对自己能够完成任务并取得成功的信心。通过给予虚拟奖励，学生能够建立起对自己学习成果的正面预期，从而提高他们对学习的信心和动力。最后，虚拟奖励还在促进自我激励方面发挥作用。通过设定目标和提供相应的虚拟奖励，学生可以建立起内在的激励机制，推动他们更加主动地参与学习活动（李颖、刘倩，2023）。这种自主性的学习态度有助于培养学生的学习动力和自我管理能力，为其未来的学习和职业发展打下坚实基础。然而，需要注意的是，虚拟奖励的设计应当注意平衡，避免过度奖励导致学习的外在化，同时也需要结合教育目标和学习者的个体差异进行灵活调整。

第二节
认知主义视角

1. 认知主义的内容及主要观点

1) 认知主义的内容

在20世纪50年代后期，学习理论的研究开始从行为模式向认知科学的理论与模式转变(A.Ertmer et al., 2004)。心理学家和教育工作者开始更加关注复杂的认知过程，如思维、问题解决、概念形成和信息加工，而不是仅仅强调外显的、可观察的行为(Snelbecker, 1974)。认知主义理论是一种关于学习和认知过程的心理学理论，强调学习者的思维、记忆、理解和问题解决能力对知识获取和应用的重要性。该理论在语言学习领域具有重要的影响，它认为学习者可以通过积极的认知活动，构建和调整自己的知识结构，从而实现语言技能的发展。

与行为主义不同的是，它强调学习者在学习过程中的主动性和建构性。根据认知主义学习理论，学习者不是被动地接受知识，而是主动地获取知识，并通过把新获得的知识和已有的认知结构联系起来，积极地建构新的知识体系(Schunk, 1991)。

2) 认知主义的主要观点

认知主义理论在语言学习中强调以下核心概念：

① 知识的理解和建构

认知主义理论强调学习者通过自己的认知活动来构建知识，而不仅仅是被动地接收信息。认知主义认为,语言学习涉及个体的感知和认知过程。这包括学习者对语音、语法、词汇等语言元素的感知和处理,以及对语言知识的理解、记忆和应用。学习者通过自己的感知和认知能力来处理语言输入,逐渐建构对语言系统的理解和运用能力。例如,学习者不仅需要了解单词含义,还需要理解其在不同语境中的运用。

②学习的积极性和主动性

在语言学习方面,认知主义理论强调学习者的积极主动性。学习者在语言习得过程中需要自我调节、自我监控,并采取适当的学习策略,以便更有效地吸收和运用语言知识。在语言学习中,学习者可以通过积极参与语言交际、主动使用语言,以及进行语言分析和总结,来促进自己的学习进程。

③知识结构和概念的重要性

认知主义理论强调在外语学习中,系统的语言知识的组织和结构具有重要性。学习者在学习过程中会将新知识与已有知识进行关联,构建起复杂的知识结构。学习者也会将已学过的语法规则、词汇和语言表达进行分类和整合,从而更好地理解和应用语言。

④问题解决能力和批判性思维

认知主义理论强调对外语学习者的问题解决能力和批判性思维的培养。学习者在遇到困难或挑战时,会积极思考并采取合适的方法来解决问题。在语言学习中,学习者可能会遇到语法难题、理解难点、文化差异等,他们需要运用适当的思维策略来克服这些难题。

总之,认知主义理论强调学习者的个体认知过程、主动性和积极性、语言知识结构、问题解决能力和认批判性思维在语言学习中的重要性。学习者通过理解、知识建构、问题解决和思维策略等认知过程,逐渐培养熟练的语言技能。这个理论为语言教学提供了指导，它鼓励教师设计适合学习者认知特点的教学策略，从而提高语言学习的效果。

2. 认知主义视角下的元宇宙

在了解认知主义后，我们将详细分析认知主义视角下的元宇宙。

1）沉浸式语境模拟：如何在元宇宙中创造情境重现和认知挑战

在元宇宙中创造沉浸式语境模拟是一种基于认知主义理论的教学策略，旨在通过情境重现和认知挑战，促进学习者的深层次学习和语言技能的发展。认知主义理论强调学习者的主动参与、思维过程和知识建构。在元宇宙情境中，我们可以充分利用这些理论原则来打造更有价值的语言学习体验。

① 情境重现与元宇宙

情境重现是认知主义教学中的一个重要原则，它强调将学习者置于真实情境中，让他们在类似实际应用的环境中应用所学的知识。在元宇宙中，我们可以通过搭建和日常生活中相似的情境，创造出原生的外语学习语境。例如，学习者可以进入虚拟咖啡厅，通过与服务员对话练习目标语言的口语表达。这种情境重现能够激发学习者的兴趣，增加他们对语言学习的投入感，从而提高学习效果。

在元宇宙中，情境重现可以通过设计特定主题的虚拟场景，加入虚拟角色扮演和互动得以实现。虚拟场景的创造可以模拟真实世界中的各种情境，如购物、旅行、社交等，学习者可以在这些场景中进行虚拟实践。例如，学习者可以进入虚拟超市，与虚拟商家进行交流和议价，锻炼购物时的语言交际能力。此外，角色扮演也是一种有效的情境重现方式，学习者可以在虚拟世界中扮演不同角色，例如辨析“选举人”和“选民”、“名义选举”和“大选”等相近概念，同时进行情境化的对话练习，增强语言的应用能力（毛佳玳，2022）。

② **认知挑战与元宇宙**

认知主义理论强调，在学习过程中应引入认知挑战，以激发学习者的思维活动和问题解决能力。通过面对认知挑战，学习者需要积极思考，整合已有的知识，进而迎接新的学习难题。在元宇宙中，我们可以通过设计复杂的虚拟任务和问题，为学习者提供认知挑战的机会，促进他们进行深层次学习。

在元宇宙中，认知挑战可以通过解谜游戏和职业模拟等方式来实现。例如，在虚拟探险游戏中，学习者需要通过解锁谜题和找寻线索，逐步解决问题并完成任务。这种虚拟任务不仅可以提升学习者的语言能力，还能激发他们的逻辑思维和创造力（Lin et al.，2020）。此外，虚拟情境如模拟商务谈判、医疗教学等场景，也能促使学习者在虚拟环境中面对复杂情境，进行深入思考和有效应对（Jiang et al.，2022；Kong et al.，2024；Thompson，2023；Zhu et al.，2023）。

通过在元宇宙中创造情境重现和认知挑战，教师和语言学家可以更好地引导学习者参与语言学习，培养他们的语言技能和认知能力。

2）元宇宙与记忆增强：VR 如何优化学习者对学习材料的记忆与理解

认知主义理论强调学习者的思维、记忆和理解过程，将知识视为主动构建的产物。通过充分发挥元宇宙的特点，教育者可以有效地激发学习者的认知活动，促进他们的记忆和理解。

下面我们将详细讨论元宇宙如何与认知主义理论相结合，优化学习者对学习材料的记忆与理解。

① 元宇宙的情境再现：创造身临其境的学习体验

在元宇宙中创造高度真实的虚拟环境能使学习者感到身临其境。这种情境再现有助于激发学习者的感知、情感和记忆。根据认知主义理论，学习者通过将新知识与已有的知识相连接，构建起自己对内容的理解。元宇宙中的虚拟情境能够激发学习者的多重感官体验，加强信息的编码和储存。

案例：在学习外语词汇时，学习者可以进入元宇宙中的虚拟场景，如购物中心、餐厅等，与虚拟角色进行对话。通过身临其境的学习体验，学习者不仅能听到和看到外语词汇，还能感受到词汇在真实情境中的应用，从而更好地将词汇储存在记忆中（Chen, 2020）。

② 个性化学习路径：提升学习材料的个体化认知加工

认知主义理论强调学习者的个体差异，每个人在学习中都有自己的认知加工方式。元宇宙技术可以根据学习者的语言兴趣、学习风格和需求，提供个性化的外语学习路径和体验，这种环境有助于激发学习者主动参与，提升其对外语知识的加工和记忆。

案例：学习者在元宇宙中可以选择不同的学习模块，如文化体验、语法训练、实景演练等。根据学习者的选择，系统会根据其个人兴趣和水平，定制学习内容和活动。这种个性化的学习路径可以激发学习者的主动思考和探索，加强其对信息的加工和存储。

③ 互动与反馈：促进深层次的理解和记忆

认知主义理论强调学习者的思维活动，互动和反馈是促进深层次理解和记忆的重要机制。元宇宙技术通过虚拟角色和情境模拟，提供丰富的互动体验，并及时反馈学习者的行为，帮助他们调整学习策略，促进信息的深层次加工。

案例：学习者在元宇宙中与虚拟角色进行对话和互动，并根据不同情境调整语言表达和交流方式。虚拟角色会根据学习者的表现提供反馈，指出他们在语言使用中的错误或不足之处，并提供正确的语言示范。这种即时的互动和反馈有助于学习者更深入地理解相关的语言知识，加强记忆和应用。

④ 多模态学习：提升信息加工效果

元宇宙技术可以融合多种媒体元素，如视觉、听觉、触觉等，创造出多模态的学习环境。根据认知主义理论，多模态学习材料可以促进学习者在不同感知通道之间进行信息转换和联结，提高信息加工效果。

案例：学习者在元宇宙中可以通过虚拟角色进行实景演练，这些虚拟情境涉及多种模态，可调动学习者的不同感官。学习者可以观看虚拟情境中的对话，同时听取虚拟角色的语音表达，从而将听觉信息和视觉信息相结合，促进语言信息的加工和储存。

从认知主义理论的视角，结合元宇宙技术的特点，我们可以更好地帮助学生优化对学习材料的记忆与理解，为外语教学提供创新的教学策略和方法。

第三节
建构主义视角

1. 建构主义的内容及主要观点

1) 建构主义的内容

建构主义作为一种哲学范式或认识论，为二语习得领域的研究者和实践者提供了一种深入探索语言习得过程的独特视角。在建构主义的视角下，语言学习被视为一个动态的过程。在这个过程中，学习者的个体认知与社会文化积极互动与碰撞，使学习者能够深刻理解事物的意义，并以此为基础构建其个人的知识体系。

在此背景下，当学习事件被视为社会事件时，建构主义促使我们思考“多重现实”存在的可能性，即是否存在所谓的社会事件的“真相”，以及是否有必要让每个人都接受对某一社会事件的单一解读。因此，在语言学习领域，建构主义认为每个学习者在学习过程中所产生的不同体验和理解都是独特且合理的。

2) 社会文化理论及主要观点

接下来，我们将介绍构建主义下的社会文化理论。与之相关的社会文化理论是基于苏联心理学家和教育家维果茨基儿童认知发展理论——文化历史心理学理论而发展出来的一个学术流派(Lantolf, 2007; Lantolf & Thorne, 2006)。社会文化理论是一种在教育学和心理学领域广泛应用的理论框架，主要解释个体的学习、发展和认知过程。

社会文化理论强调，认知不仅是个体内部的建构过程，同时也是人们在参与相关文化活动过程中相互建构的结果。该理论认为，所有的人类活动都是在特定的文化背景中发生的，人的发展离不开人与环境的相互作用，因此，对人类活动的考察必须包含对其社会文化的深入分析。这使得社会文化理论带有浓厚的“社会建构”色彩，与社会建构主义有诸多相似之处。维果茨基的理论与建构主义思想相互融合，催生了“社会建构主义”，这是建构主义的一个重要范式（高文，1999）。社会建构主义聚焦于学习和知识建构背后的社会文化机制。其基本观点是，学习是一个文化参与的过程，在这个过程中，学习者借助一定的文化支持参与某个学习共同体的实践活动，从而内化相关知识并掌握相关工具（陈威，2007）。社会建构主义关注这一建构过程中社会的一面，它更强调个体发展的社会文化背景以及个体与社会文化之间的互动。因此，在社会建构主义的视野下，个体的学习和知识建构是在一个广泛的社会和文化框架中进行的。

社会文化理论强调，个体的认知和行为是在与社会环境和文化背景的互动中逐渐形成的，将社会因素和文化因素视为塑造个体发展的重要驱动力。其核心要点如下：

①近发展区和远发展区

这一概念强调教师和同伴的支持可以帮助学习者跨越近发展区的能力，达到远发展区的潜力。这意味着个体在社会互动中能够通过合作和引导实现认知和学习的提升。

②社会性和情境性

社会文化理论关注学习和认知的社会性和情境性。个体的学习是通过与他人合作、社会互动和实际实践中的情境交织而完成的。社会环境中的互动和合作能够使个体参与真实的活动，从而吸收他人的经验、知识和文化。

③ **内化与外部中介**

社会文化理论强调，个体在学习过程中通过内化外部中介，将外部的经验和知识逐步转化为内在的认知结构。外部中介可以是教师、同伴和文化工具，这些中介通过互动和合作帮助个体建构自己的认知框架。

④ **文化传承的影响**

社会文化理论认为，文化是塑造个体认知和行为的重要因素。个体通过文化传承的语言、价值观、社会规范等元素，形成自己的思维方式和行为模式。文化背景影响着个体的感知、理解和交往方式，从而塑造其学习和发展的轨迹。

在教育实践中，社会文化理论鼓励创造情境化、合作性的学习环境，为学习者提供具有挑战性和支持性的任务。教师在这一视角下需要更加关注学习者的社会互动和合作，通过引导和合作来促进知识和意义的共建，培养学习者更全面的认知和社会技能。

从社会文化理论的视角探讨元宇宙在外语教学中的应用时，我们可以深入研究虚拟跨文化交际的实践，以及元宇宙如何促进学生的跨文化交际能力。社会文化理论强调，学习和发展是通过社会互动和文化背景的交融而实现的，元宇宙为学生提供了模拟和探索不同文化情境的机会，从而增强他们的跨文化交际能力。

2. 社会文化理论视角下的元宇宙

1）虚拟跨文化交际：元宇宙如何促进跨文化交际能力的培养

在元宇宙中，学生可以穿越虚拟世界的边界，与来自不同文化背景的人进行互动交流，体验和探索多样的语言和文化情境，这为学生提供了多元化的跨文化交际体验，有助于培养他们的跨文化意识与敏感性，以及理解和包容多元文化的能力。通过虚拟跨文化交际,学生可以更加深入地理解不同文化的价值观、社会习惯、沟通方式等,从而在真实跨文化交往中更加自信与从容。

案例1:学生可以前往不同的国家旅行,与虚拟人物和其他学习者进行语言和文化交流。比如,学生可以在虚拟的巴黎街头与当地人交流,了解他们的生活方式和日常交际习惯。通过这样的体验,学生可以更加深入地理解法国文化,并且在真实的跨文化交际中表现得更加恰当。

案例2:学生可以参与虚拟的国际商务会议,与来自不同国家的虚拟商务伙伴合作。在这个虚拟环境中,学生需要关注如何合理运用跨文化交际技巧来处理不同文化间的沟通障碍,协调合作并解决问题。这种经历可以帮助学生培养在国际商务领域中的跨文化合作能力。

虚拟跨文化交际的实践具有以下几个方面的特征,对于提高学生的跨文化交际能力具有积极的作用。

① 跨越地理界限

元宇宙能消除地理限制,学生可以轻松地与来自世界各地的人进行交流。这种交流可以帮助学生更好地理解不同国家和地区的文化差异,加深跨文化意识。

② 提供文化情境模拟

元宇宙能为学生提供模拟多样文化情境的机会,使学生能够沉浸其中,亲身体验不同文化、语言、价值观、行为规范等。在虚拟情境中,学生得以尝试不同的交际策略,深入了解不同文化的社交规则,进而提升跨文化交际的敏感性和跨文化沟通效果。

③ 构建虚拟社交网络

元宇宙中的虚拟社交网络能为外语学习者提供一个与其他学习者互

动的平台。通过与虚拟伙伴进行交流与合作,学生可以分享自己的文化背景,深入了解其他人的观点,促进跨文化交流和理解。这样的交流平台能为学习者提供一个实践语言、拓展文化视野的机会,有助于二语习得者更好地融入目标语言的文化背景。

当然,在元宇宙中进行虚拟跨文化交际也面临一些挑战。首先,虚拟环境中的文化情境虽然可以模拟,但仍然无法完全代替真实的跨文化交际体验。其次,学生在虚拟环境中的行为可能受到虚拟性质的影响,与真实社会中的行为可能存在差异。因此,教师需要设计合适的虚拟交际活动,以确保学生能够真实地体验和应用跨文化交际技能。

2) 协作与社交学习:元宇宙中的互动性如何促进合作与知识共建

元宇宙的互动性为学习者提供了协作共建知识的机会。一方面,在虚拟环境中,学习者可以共同参与项目和任务,通过互动实现知识的共同构建。例如,学习者可以在虚拟实验室中共同进行科学实验,互相交流实验数据和观察结果,从而实现科学知识的协同建构。这种合作性的学习模式鼓励学习者分享想法、交流见解,促进知识的共建与分享。另一方面,元宇宙中的互动还能够培养学习者的团队合作精神和领导能力。在以虚拟角色参与项目合作时,学习者需要协调分工、有效沟通,从而提升团队协作技能。同时,虚拟社交学习也为学习者创造了学习社区,鼓励他们积极参与、分享,建立学习伙伴关系,促进协作与互助学习的实现。

接下来,我们将探讨元宇宙中所涉及的互动形式如何为学习者提供丰富的语言输入和实践机会。

①基于CMC的实时交流

在元宇宙中,学习者可以与同学、外语教师或虚拟场景中的角色进行实时的语言交流。通过与不同文化背景的人进行交流，学习者可以接触到不同的口音、词汇和表达方式，从而提升听力和口语技能。例如，学习者可以在虚拟语言学习群组中参与讨论，分享观点并与其他学习者互动。

② 基于语用场景的互动

在元宇宙中，学习者可以在特定的外语使用场合与虚拟人物进行互动。例如，学习者可以与虚拟商店员工进行购物对话，点餐时使用外语交流。这样的互动让学习者能够在虚拟环境中体验真实情境，提升他们的交际能力。

③ 基于协作的项目任务

元宇宙为学习者提供了合作完成任务和项目的机会，这些活动可以涉及外语实践。例如，学习者可以合作编写虚拟景观旅游指南，在合作过程中运用外语描述景点、提供旅行建议。通过这种合作，学习者能够在实际任务中运用语言，提升写作和口头表达能力。

④ 基于职业角色的演练

元宇宙中的角色扮演和模拟活动可以帮助学习者在虚拟情境中练习使用外语。例如，学习者可以在虚拟商务会议中扮演角色，进行商务谈判和交流。这种实践能够提高他们语言实际运用能力，而处理、解决问题的过程也能增强他们语言学习的自信心。

⑤ 基于游戏形式的学习活动

元宇宙中的游戏活动和挑战关卡可以激发学习者的兴趣，同时也为他们提供语言实践的机会。例如，学习者可以参与一个虚拟旅行寻宝游戏，在游戏过程中与虚拟角色进行对话，获取线索和信息来解谜，从而提升自己的语言技能。

以上例子展示了如何将元宇宙中的互动形式与外语学习紧密结合，

为学习者提供多样化的语言实践机会。通过参与这些互动，学习者能够在虚拟情境中运用外语，提升自己的听、说、读、写等综合能力。

本章节聚焦外语习得理论与元宇宙的交汇，从行为主义、认知主义和建构主义等多视角切入，探讨了在元宇宙数字化环境中，不同理论观点对学习创新的支持。行为主义强调通过外部刺激与反馈促进学习行为；认知主义注重学习者的认知过程和信息加工；建构主义则突出学习者在与环境互动中主动建构知识。这些理论观点在元宇宙环境下，为学习创新提供了多元的思路和方法，促使外语学习在数字化时代不断开拓新的路径和可能。

第四章

进入元宇宙：变革外语教育的奇妙之旅

教育部在2022年工作要点中明确提出了“实施教育数字化战略行动”这一要点。在教育数字化的时代背景下，主要教学媒介不再仅仅局限于传统纸质教材。随着技术的不断进步，我们有望迈向一个全新的教育时代。

本章将带领你踏入元宇宙的神秘领域，我们将深入研究几个备受瞩目的学习空间，它们为外语教育带来了前所未有的创新机遇。包括Second Life、Moodle、Sloodle、Minecraft和Roblox，以及两款世界著名的3D制作引擎：Unity和Unreal。我们将探讨这些元宇宙学习平台和技术引擎如何助力于外语教育中的创新实践，了解它们如何激发学生的学习兴趣，提高他们的外语技能，培养跨文化意识，使他们更好地融入全球化世界中。通过对这些学习空间及技术引擎的了解和使用，我们能窥见教育的未来，感受创新教学带来的激情与机遇。

Second Life，这个虚拟世界的巅峰之作，不仅是人们逃避现实的胜地，更是外语教育的宝藏之地。在其沉浸式环境中，学习者可以身临其境地进行语言实践，与世界各地的同学互动，感受文化差异。

Moodle (Modular Object-Oriented Dynamic Learning Environment)是一个开源的在线学习平台，用于支持教师创建和管理在线课程。Moodle 提供了一系列丰富的工具，包括在线课堂、作业提交、讨论论坛、测验以及资源共享等，使教师能够构建灵活且个性化的学习环境。它强大的功能使得外语教学更加灵活且多样化，并且可以根据学生的需求进行定制。

Sloodle 是 Second Life 和 Moodle 结合的产物，它为外语教育带来了新的交互性。在这个融合了虚拟世界应用和在线学习平台的环境中，学生可以更深入地沉浸在语言学习中。

Minecraft，一个世界知名的沙盒游戏，它不仅仅是游戏，也是一座外语学习的宝库。在这个兼具创造性和合作性的世界中，学生可以：①在进行资源获取和构建时接触外语；②使用英文指令改变游戏的内容和进程；③用外语与同伴探索、建设、合作，提高语言技能。

Roblox，一个多功能的虚拟平台，不仅让年轻一代的创作者们充分发挥创造力，还为外语学习提供了全新的机会。在 Roblox 中，外语学习者可以创作教育游戏，并与同伴在其中交流互动，提高语言技能。

此外，我们还将介绍 Unity 和 Unreal 这两款世界著名的 3D 制作引擎，它们不仅仅是游戏开发的工具，也是外语教育的有力支持。我们将分享两个使用 Unity 3D 制作的教学应用，分别是英语单词教育游戏“护林小熊”和虚拟英语学习社区，以及一个使用 Unreal 制作的 3D 英语教育游戏，以此说明这两款制作引擎在外语教育中的潜力。

让我们一同踏上这场奇妙之旅，推开元宇宙学习空间的神秘之门，开启数字幻境与外语教育的崭新篇章，见证一场教育的魔法变革，感受知识的梦幻律动，让元宇宙的种子在外语教育领域中茁壮成长。

第一节
超越虚拟：Second Life 中的实践探索

在元宇宙的广阔天地中，有一个充满魅力与创新的虚拟世界——Second Life。它如同一个神秘的宝藏，等待着我们去探索和挖掘。究竟 Second Life 有着怎样的独特魅力？它在教学中又能发挥怎样的神奇作用？如何进行教育案例设计？在外语教学中又具备哪些显著优势？让我们一同走进 Second Life 的实践探索之旅吧。

1. 虚拟奇幻大陆：Second Life 的魅力

Second Life 是一个在线多媒体平台，发布于 2003 年，由旧金山的林登实验室（Linden Lab）开发，它允许人们为自己创建一个化身，然后在多人在线的虚拟世界中与其他用户以及用户创建的内容进行交互。早在 2013 年，Second Life 就拥有了大约 100 万固定用户。根据 Second Life 网络调查，截至 2023 年 10 月，共有 6700 多万人在此虚拟世界中居住，3 万多人在线居住。目前 Second Life 已经成为全球最大的虚拟世界平台之一。它是一个基于互联网的虚拟奇幻世界，能为用户提供一个高度沉浸式的虚拟环境，一个让幻想成真、交流跨越国界的魔法王国。用户可以在其中创建自己的虚拟角色，并在虚拟世界中与其他用户进行沟通、交流和互动，从事社交活动、商业交易、学习和娱乐。在这里，你可以抛开重力束缚，脱离尘世喧嚣，穿越时空壁垒，迈入一个惊险刺激、异想天开的世界。

在 Second Life 的神奇世界里，你不再是现实中的自己，而是一个全新的数字化身。你可以探索无限的虚拟场景，从太空站到深海底，从古老的神殿到未来的都市。不仅如此,你还可以自由创造和改造这个世界,建造城市,设计服装,甚至编写交互式故事。这里不受现实限制,你的想象力将如翱翔的风筝一般,自由飞翔。

Second Life不仅仅是一个娱乐胜地,它更是一个充满潜力的教育工具,一个能够扩展知识边界的技术奇迹。在这个虚拟的宇宙中,学习不再仅仅发生在书本和课堂里,而是在无尽的虚拟场景中。它带来了一个变革教育的机会,让人们超越现实,创造出属于每个人的独特历险。它还是一座突破时空的桥梁,连接着世界各地的人与物,多元化的语言与文化(Chen, 2020)。在这个虚拟世界中,你可以与来自世界各地的人们交流,用外语自由对话,沉浸在异国风情之中。学习外语不再是机械的朗诵,而是在交流中学以致用,锻炼口语(Chen, 2016)。通过参与虚拟校园课堂、模拟商务会议,甚至与历史名人互动,你将在不知不觉中精进外语技能。

2. Second Life在外语教学中的应用:虚拟校园、教育会议、交互式教学

1) 虚拟校园:多语言互动的外语学堂

在Second Life中,虚拟校园为外语教学提供了令人激动的创新平台。这里,学习者不仅能够远离传统课堂的束缚,还能通过虚拟交流体验跨文化的语言环境。虚拟校园不受地理限制,学习者可以与来自世界各地的同龄人共同探索,通过语言互动,促进外语学习实践。这种虚拟校园的创新模式能打破单一的语言环境,为外语学习者提供更加丰富多样的学习体验。

Second life 中的外语课堂

2）教育会议：外语表达的跨文化平台

在Second Life中，虚拟世界中的教育会议提供了跨文化的外语表达平台。学习者可以与来自全球的同伴一起参与，用外语展示自己的观点、思考和创意。这种全球范围内的互动促使学习者积极使用外语交流，锻炼口头表达和听力。此外，学习者还能够从多种语言背景的专家演讲中汲取知识，扩展自己的跨文化视野。

Second life 中的国际会议

3）交互式教学：语言实践的情境模拟

Second Life 提供了创新的交互式教学，为外语学习者提供情境模拟的语言实践机会。在 Second Life 所构建的虚拟场景中，外语学习者能处理日常生活中的各种事务，参与到多种交流情境中，如茶会、购物、旅行等。这种情境模拟能强化外语的实际运用能力，促进词汇、语法在真实情境中的应用。在跨文化情境下，学习者还能够体验不同语境下的语言使用方式，增进对文化差异的理解。

在 Second Life 中，虚拟校园、教育会议和交互式教学的应用能将外语学习与跨文化交流紧密结合，为学习者创造一个真实、全球化的语言学习环境。这种创新的外语教学方式不仅能提升学习者的语言技能，还能丰富他们的跨文化体验，拓宽他们在全球化时代背景下的国际视野。

Second Life 中的外语实践

3. Second Life 中的教学案例设计:创新外语学习环境

在大学虚拟课堂中,教师可以通过创建虚拟角色来使学习者置身于特定语言情境中,与其他角色进行外语交流。例如,模拟购物场景可以激发学习者运用外语进行商品讨论和交流。在艺术学院虚拟工作室中,学习者可以合作创建虚拟艺术品,并使用外语进行讨论和评价。

在 Second Life 中,教学案例设计能为外语学习者带来创新的学习方式,学习者应充分利用虚拟环境的多样性和互动性,将虚拟情境融入到外语教学中。可以从以下几个方面着手,进行合理设计:

1) 情境设定与角色扮演

首先,教师需设定一个情境,例如一个虚拟购物中心。在这个情境中,学习者可以体验真实的购物过程,与虚拟店员互动。例如,询问价格,了解产品属性等。教师或虚拟助手还可以扮演不同的角色,如设计师、供应商等,为学习者提供语言互动的机会。

2) 语言交流与角色互动

在虚拟购物场景中,学习者可以与虚拟店员交流,例如,询问商品信息、价格等。通过对话,学习者能够练习口语表达和听力理解,模拟真实购物交流。教师也可以设置不同的对话选项,促使学习者运用外语提出问题、表达需求,从而进一步加强他们的语言能力。

3) 合作创作与批评实践

如前所述,在艺术虚拟创意作坊,教师可以引导外语学习者共同进行数字艺术品的制作。学习者可以一起设计并绘制虚拟艺术品,同时使用外语进行团队合作和交流。教师可以引导学习者用外语讨论创作构想、给予建议与反馈，以培养他们在跨文化环境中进行艺术创作和开展艺术批评的能力。

通过以上几个方面的融合，教师可以创造多样的虚拟学习场景，提供丰富的外语学习体验。这种案例设计不仅能强化学习者的外语能力，还能培养他们在真实情境中的交际能力和创作批评能力。通过与虚拟角色进行互动，学习者将会体验到一段引人入胜的学习旅程，从而进一步激发他们的学习热情。

4. Second Life 在外语教学中的优势：虚拟实时互动、跨学科交流

Second Life 为外语教学带来了诸多优势。首先，学习者能够在沉浸式的虚拟环境中进行实践，提升外语听说能力。其次，全球各地的用户能够参与合作，促进了跨文化交流，拓展了学习者的视野。此外，游戏中的虚拟情境模拟提供了实践模拟的机会，让学习者能够在虚拟环境中进行真实世界中的沟通与互动。

1) 虚拟沉浸体验

Second Life 创造了一个虚拟世界，让学习者能够置身于各种情境中，与虚拟环境进行互动。这种沉浸式体验使学习者能够更自然地运用外语进行交流。学习者可以在虚拟校园、商场、社交场合等情境中进行语言实践，有效地提升口语表达能力。

2）跨文化交流平台

由于Second Life的用户来自世界各地，它自然而然形成了一个跨文化交流的平台。在这里，学习者可以与来自不同国家和文化背景的人互动，用外语进行交流，了解不同文化的表达方式。这种跨文化交流能培养学习者的跨文化沟通能力，使他们能够更好地在国际环境中应对语言挑战。

3）日常现实情境模拟

通过虚拟环境，学习者可以在模拟的各种日常情境中，进行语言实践，这种情境模拟可以增强学习者的参与度和自信心，降低外语焦虑，在“安全的”学习空间中锻炼实际交流技能。例如，在虚拟商店中购物，学习者需要询问价格、选择商品等，从而增强语言运用能力。

4）虚拟角色扮演

教师和学习者都可以在Second Life中创建自己的虚拟镜像角色，模拟各种角色扮演情境。这有助于学习者练习在不同情境下的语言表达和应用，通过与预先设定好的虚拟角色互动，切身体会作为“他人”在面临特定情境时的感受。

5）跨学科融合

Second Life不仅仅适用于外语学习，还可以结合其他学科领域。例如，在艺术学院虚拟工作室里，学习者可以创作虚拟艺术作品并与其他人展开合作。这种跨学科融合促使学习者用外语进行团队合作和创作，增强多方面的能力。

6）基于CMC的实时互动

在 Second Life 中，学习者可以通过 CMC（Computer Mediated Communication）与其他用户进行实时交流，获得即时反馈。这种实时互动能强化语言学习的动态性，使学习者能够迅速调整语言表达，提升交际能力。

综合以上优势，我们可以看出，Second Life 为外语学习者提供了一个创新、多元的学习平台，通过虚拟体验、跨文化交流、情境模拟等方式，Second Life 能使外语学习变得更加身临其境、有趣且高效。

第二节

创新互联：Moodle引领的开放式学习空间

当我们在探索创新学习的道路上前行时，Moodle 以其强大的功能和独特的魅力，为我们开辟出一个充满可能的开放式学习空间。究竟这个平台有着怎样的神秘之处？它在外语教学领域又能发挥怎样的作用？如何依据它进行有效的教学设计？它的优势又体现在哪些方面呢？现在，就让我们深入了解由 Moodle 引领的创新互联世界。

1. 开源在线学习平台：Moodle

Moodle是一个开源的在线学习管理系统，常被国外教育机构和组织用于在线学习和教学活动。开发Moodle的目的是用于学校、工作场所和其他部门的混合学习、远程教育、翻转课堂和其他在线学习项目，用以创建在线课程，并专注于内容的互动和协作构建。Moodle的第一个版本于2002年8月20日发布。

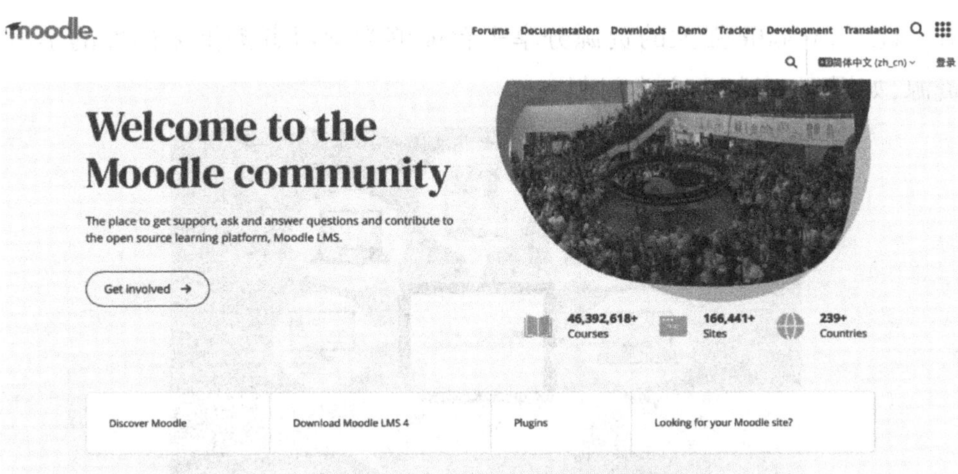

Moodle 网站主页

Moodle 的魔力在于它能提供创新的工具，这些工具将学习过程个性化定制，不再是死板的标准课程。你可以自由探索，在自己独特的学习经历中追寻知识。同时，Moodle能创建蓬勃发展的学习社区，就像是一个充满活力的市场。在这里你不仅仅是一个旁观者，更像是社区的一部分，你可以积极互动，分享自己的见解，与其他学习者合作，共同绘制出知识的壮丽画卷。

Moodle 作为一个源自社区的开源在线学习平台，以其灵活性和开放性为外语教育注入了新的活力。它强调互动式学习、资源共享和个性化教育，赋予学生更多的学习自主权和灵活性，因此成为外语教学领域的强大引擎。已有研究证明了其在培养学生外语跨文化能力（刘晓莹，2009）、实施听力教学（樊子牛等，2010）及开展自主学习活动（欧阳建平、李气纠，2009）中的有效性。

2. Moodle 在外语教学中的应用：课程管理、在线测验、资源分享

Moodle具有多个重要功能，能满足外语教学的多样需求。其完善的课程管理系统使教师能够有效组织教学内容，包括教材、作业和课程进度安排。在线测验功能为教师提供测验学生语言技能和知识掌握程度的工具。此外，Moodle强大的资源分享平台能够为学习者提供多样性的学习资源，如视频、音频和文本材料。

Moodle 功能展示

1）课程管理

Moodle 在课程管理方面起到了关键作用，其应用包含课程申请、课程资源建设、活动安排、日志与报表、备份恢复。教师可以轻松创建虚拟课堂，将课程按照模块或主题进行组织，为学生提供清晰的学习路径。通过创建课程大纲、上传课程材料、设置任务和作业，教师能够精心设计课程结构，使学习者更好地掌握课程内容。此外，Moodle 的课程管理还支持在线讨论、问答互动等功能，对于促进学习者之间的协作与讨论有重要作用。

2）在线测验

Moodle 的在线测验功能较为完善，包括题库管理、测验管理、成绩设置和计算公式使用，能为教师提供多种评估手段。教师可以根据学习者水平、课程内容和外语学习目标，有针对性地创建多种类型的测验，例如，单选题、多选题、填空题等。在线测验不仅可以实时评估学习者对知识的掌握程度，还能为教师提供有关学习者表现的详细数据，便于教学策略的优化和调整。此外，Moodle 的测验功能还支持自动批改和反馈，为教师和学习者节省时间和精力。

3）资源分享

对于课后学习，Moodle 也是一个便捷的资源分享平台。它包含数据库、讨论区、投票、互动评价、即时聊天、图片库、词汇库等功能，教师可以上传课件、文档、多媒体素材等，方便外语学习者巩固知识，丰富课后活动的多样性。学习者之间也可以通过平台分享该门课程的学习心得、共同构建笔记、分享扩展资源的链接等，从而促进知识共享和互助学习。资源分享功能可以极大地拓展学习者获取信息和交流的途径，提升学习的深度和广度。

3. Moodle平台上的教学案例设计

在外语教学中，Moodle平台为教师提供了一个丰富多样的教学案例设计机会，促进学生在虚拟学习环境中获得深刻而实用的语言知识。Moodle不仅仅是一个在线课程管理系统，更是一个沟通互动的教学平台，它能让教师将语言学习与实际语境相融合，为学生创造身临其境的学习体验。在设计外语教学课程时，可以从以下几个方面入手：

1）情境设计与资源准备

在Moodle中设计教学案例的第一步是构建丰富的情境和语言学习资源。教师需要明确教学目标，然后选择合适的主题或情境，以便将语言知识置于实际背景中。例如，如果教学目标是关于旅行的词汇和表达，教师就可以设计一个虚拟的旅行情境，提供与旅行相关的地图、图片、对话等资源。

2）在线课程构建与互动设计

在Moodle平台上，教师可以根据教学内容，利用在线课程将不同的学习模块有机地连接起来。每个模块可以涵盖听、说、读、写多种语言技能。通过视频、音频、图像等多媒体元素，教师可以为学生创造引人入胜的学习体验。同时，教师还可以设计互动性强的学习活动，如在线测验、角色扮演、问题解答等，以促进学生的参与和主动学习。

3）讨论板社区建设与合作学习

教师可以充分利用Moodle的讨论板社区，促进学生间的互动和合作学习。教师可在课堂活动中设置讨论环节，鼓励学生提出问题、分享观点、展开讨论，以此进行头脑风暴与批判性思维的培养。通过互相回应和交流，学生能够扩展自己的语言运用能力，提升口头表达和书面表达的技能，这种社群合作的学习过程有助于学生更深入地理解语言和文化。

4）反馈与评估

在Moodle中，教师可通过在线测验、作业等方式了解学生的学习进度和表现，并根据学生的表现给予针对性的反馈，指导学生改进语言运用。这种个性化的指导有助于实现“因材施教”的理念，帮助学生更好地理解和掌握语言知识。

在外语教学的教学案例设计过程中，Moodle平台通过明确的阶段性规划，将语言学习与虚拟学习环境相融合，使学生能够在实际语境中运用外语，培养跨文化交流能力，同时也能促进学生在学习中的主动性和合作性。

4. Moodle在外语教学中的优势：个性化学习、多媒体资源、互动合作、实时反馈、跨时空学习

Moodle作为一座引人入胜的数字花园，在外语学习领域具有独特而强大的优势。无论是学生还是教师，都可以从Moodle中获得丰富的学习体验和教学机会，从而推动外语学习的创新和深化。Moodle在外语学习中具有以下优势：

1）个性化学习路径

在Moodle的指引下，学生可依据个人需求和学习进展，定制独特的

学习路径。教师能根据学生的语言水平、学习风格及目标，为其量身打造适用的学习资源和活动。这种贴心的学习路径设计能让学生更高效地提升外语能力。

2）丰富的多模态资源

Moodle允许教师上传多种模态资源，包括视频、音频、图像和文本。这使得外语学习不再局限于枯燥的课本，而是能够通过多样的资源呈现，激发学生的学习兴趣和积极性。学生可以通过不同类型的资源，更好地理解外语的语音、语法和文化背景。

3）互动与协作学习

Moodle为学生提供了一个自由互动和轻松协作的学习空间。通过讨论板、在线小组和协作项目，学生能够与同伴一起分享观点、交流经验，共同解决问题。这种社交互动能促进语言交流和实践，帮助学生克服语言障碍，提高口语表达和听力理解能力。

4）实时反馈和评估

Moodle的在线测验和作业提交功能使教师能够即时评估学生的语言技能和知识掌握程度。学生可以收到针对性的反馈和建议，了解自己需改进之处。这种具有针对性的反馈可帮助学生合理调整学习策略，进一步提升学习效果。

5）跨时空学习

Moodle为学生提供了跨越地理和时区的学习机会。学生可以根据自己的时间、地点和设备灵活地安排学习。这种灵活性使得外语学习不再受限于课堂时间和特定教室，为学生提供了更大的自主学习空间。

在外语学习领域，Moodle就像一艘航天飞船，将学生带入探索语言世界的奇幻之旅。它不只是一个在线学习平台，更是一个连接知识与实践的桥梁，为学生提供丰富且个性化的外语学习体验。

第三节
跨界融合：Sloodle连接的虚拟世界与在线学习

在教育创新的浩瀚星空中，Sloodle 如一颗璀璨的新星，闪耀着光芒，它成功地连接起虚拟世界与在线学习。你是否好奇，Sloodle 究竟有着怎样的神秘魅力？它具备哪些强大的功能？在实际应用中，它如何为教育注入活力？又该如何围绕它精心设计教学方案？而在外语教学领域，它又能展现出怎样令人惊叹的优势呢？现在，就让我们一同踏上这场由 Sloodle 引领的奇妙融合跨界之旅。

1. Sloodle：连接Second Life和Moodle的桥梁

想象一下，你置身于一个神奇的虚拟世界，你的虚拟角色探索着丰富多彩的主题，而同时，你在一个熟悉的在线学习平台上查看课程材料、提交作业，与同学一起参与激动人心的学习活动。这种无缝融合的学习体验，正是由Sloodle赋予的。

Sloodle 是一个混合系统，它使用 Moodle 的开源学习管理系统和 Second Life 的虚拟环境连接功能，将基于网络的教室与现实世界中的学习空间和交互式对象相结合，使教师能够在 Second Life 虚拟世界中创建虚拟课堂，并将其连接到 Moodle 课程。这种集成使学生能在虚拟环境中互动，并将他们的活动和成绩同步到 Moodle 中，它是 Moodle 和 Second Life 之间的桥梁，一座连接虚拟世界与在线学习平台的桥梁。

Sloodle能将虚拟校园变成一个互动的学习天地。学生们的虚拟角色可以在这里实时互动、合作开展项目、探索模拟场景，仿佛置身于课堂般的神奇世界。Sloodle 不仅仅是虚拟体验的创造者，它还能以教育为中心，将这些互动与学习内容紧密结合。

正如之前所述，Moodle 是许多教育机构常用的在线学习平台。而 Sloodle 起到了一个关键的桥梁作用，它将 Moodle 与 Second Life 联系了起来。在传统的认知中，这两个领域似乎是相互独立的。然而，通过 Sloodle，这两个世界实现了融合。如此一来，学生能够在 Second Life 的虚拟环境中与 Moodle 上的课程和资源进行互动。这种融合打破了传统教育的局限，为学习开辟了全新的可能性。

Sloodle 中的大学课堂

Sloodle 让学习不再受限于课堂的四壁，而成为一个跨越虚拟和现实的奇妙之旅。这个虚拟的桥梁能将教育的界限延伸至更广阔的领域，激发创新、合作和多元文化交流，为学生和教师带来前所未有的体验。Sloodle 不仅仅是一个简单的名称，更是连接想象与现实、虚拟与实际的魔法钥匙。通过它，我们可以开启虚拟世界的大门，看到未来教育的全新可能性。

2. Sloodle的应用:虚拟课堂互动与游戏学习融合

虚拟世界的崛起为教育领域带来了前所未有的机遇,Sloodle作为一项具有创新性的技术,融合了虚拟课堂互动与游戏学习,为教育界带来了深远的影响。在此,我们将详细探讨Sloodle在虚拟课堂互动、虚拟角色扮演和游戏化学习三个方面的应用,旨在深入剖析其教育潜力和创新价值。

1）虚拟课堂互动的拓展与强化

Sloodle作为一个融合虚拟世界和学习管理系统的平台,能为学习者提供丰富的虚拟环境,鼓励他们在虚拟课堂中积极互动。在传统教育模式中,学生的参与度往往受到限制,而在Sloodle的虚拟课堂中,学生可以通过自己的虚拟角色进行互动、合作和实验。这种互动不仅仅是文字间的交流,还包括角色的移动、虚拟物体的操作等,从而使学习过程变得更加生动和有趣。

2）虚拟角色扮演的学习激励机制

Sloodle借鉴了游戏设计的概念,为虚拟课堂引入了角色扮演元素。学生在虚拟环境中可以定制自己的镜像角色,通过扮演不同角色来参与外语课堂活动。这种角色扮演能激发学生的好奇心和创造力,促使他们主动参与课堂内容,通过角色实现自身目标,从而获得满足感和成就感。

3）游戏化学习的提升效果

Sloodle在教育中引入了游戏化学习的概念,将学习过程与游戏机制相结合,从而增强学生的学习动机和效果。通过设置任务、奖励、竞争等元素,Sloodle能营造学习的趣味性和挑战性,使学生在完成任务时获得愉悦感,从而提高学习积极性。

通过Sloodle,教师可以创建虚拟英语学习游戏,如拼写比赛、语法挑战和单词接龙等。这些小游戏可以激发学生的学习兴趣,让他们在娱乐中提高英语技能。教师还可以在Sloodle中创建特定的英语交际场景,让学生使用英语进行对话、协作和角色扮演。

例如,学生可以用虚拟角色扮演各种职业人员,如餐厅服务员、酒店前台接待员或商务人士,以提高他们的英语口语表达能力。学生可以进入虚拟的英语国家场景,如伦敦街头、纽约中央公园或加拿大国家电视塔。他们可以与其他学生一起游览,参观虚拟博物馆,了解英语国家的文化和历史。这种可视化的学习方式让学生更好地理解英语国家的文化和背景。除此之外,学生还可以使用Sloodle与母语为英语的学生或AI对话机器人进行语言交流。这有助于他们提高听力和口语技能,同时也获得互动的学习体验。

Sloodle在虚拟课堂互动和游戏学习融合方面的应用,为教育提供了一种创新的路径。其强调的角色扮演和游戏化学习机制,不仅丰富学习体验,还能提升学习效果。然而,Sloodle也存在着一些技术挑战、教育实践等问题,需要进一步的研究和探索。在未来,随着虚拟世界和游戏化学习的不断发展,Sloodle在教育中的应用前景将十分广阔。

3. Sloodle中的教学案例设计:虚拟世界中的测验、任务与学习分析

Sloodle是Second Life与Moodle结合的产物,谈及Sloodle在教学案例设计中的应用时,设计过程必然存在相似部分,但由于它是创新性的结合,设计过程又有不同之处。接下来,我们将分阶段探讨虚拟世界中的教学案例设计。

1）阶段一：需求分析和目标设定

在设计虚拟世界的教学案例之前，教师需深入了解学习目标和需求，确定教学内容，如提高学生的语言理解能力、跨文化沟通技能或团队合作能力。这个阶段还包括明确教学案例所要解决的问题、学习者水平、风格以及课程内容的整体结构与具体安排。

2）阶段二：虚拟场景设计与建模

基于学习目标和需求，教师可以进行虚拟场景的开发与设计，包括场景、角色、任务等的设置。在 Sloodle 中，教师可以创建虚拟教室、实验室或者现实世界中的情境，并引入学习者在其中进行交互。例如，教师可以创建关于贸易市场的虚拟情境，让学习者在其中使用外语进行交流和交易等活动。

3）阶段三：测验与任务设计

在虚拟场景中，教师可以将设计的测验和任务融入游戏中，以促进学习者的实践和应用。测验可以是情境化的语言理解问题，学习者需要与虚拟角色进行交流来解决。任务可以是团队合作的挑战，学习者需要协同完成一项任务，从而提升语言表达和协作技能。这些测验和任务能够让学习者在虚拟世界中应用所学知识，从而实现知识的实际运用。

4）阶段四：学习分析和反馈机制

Sloodle 提供了学习分析工具，教师可以跟踪学习者在虚拟世界中的表现。通过学习分析，教师可以了解学习者的强项和需求，为个性化教学提供依据。此外，设置反馈和奖励机制，如即时评价和建议，可以帮助学习者发现自身不足，虚拟奖励则可以增强学生的学习动力。

5）阶段五：评估与持续改进

设计的最后一步是评估和持续改进。教师可以根据测验、观察和学习分析所收集的数据来绘制学习者画像。根据评估结果，教师可以调整虚拟场景、任务和测验，优化教学体验，实现更好的学习效果。

通过以上阶段的教学案例设计，Sloodle 搭建了一个创新的教学平台，使教师能够在虚拟世界中设计出与学习目标紧密结合的教学案例，进而实现学习者的全面发展。

4. Sloodle 在外语教学中的优势：整合在线教育工具、支持个性化学习

Sloodle作为一项创新性技术，能融合虚拟课堂互动和游戏学习，为外语学习提供独特的优势，主要表现在整合在线教育工具和个性化学习支持两个方面。

1）整合在线教育工具：拓展学习环境

Sloodle将虚拟世界与学习管理系统相结合，为外语学习者提供了一个多元化的学习环境。通过整合在线教育工具，Sloodle能在虚拟课堂中引入测验、任务、讨论等功能，扩展学习的可能性。例如，在虚拟市场情境中，学习者可以通过Sloodle进行语言交流，同时进行虚拟商品交易，从而培养语言技能和商务交流能力。两种工具的整合能创造更丰富的学习体验，使外语学习变得更加现代化、数字化、智慧化。

2）支持个性化学习：激发学习动机

Sloodle引入了角色扮演和游戏化学习机制，为外语学习者提供个性化的学习支持。学习者可以定制自己的虚拟角色，通过扮演不同角色参

与课堂活动，在虚拟世界中实现个性化的学习目标。角色扮演能够激发学习者的兴趣和好奇心，而使用虚拟形象进行互动可以有效避免“面子问题”，从而使学习者在学习过程中更为投入与积极。游戏化学习的激励机制，如任务设置和奖励机制，还能进一步激发学习者的学习动机，促使他们更深入地参与学习活动。通过提供多样化的学习环境和引人入胜的学习机制，Sloodle能为外语学习者提供一个丰富且能激发兴趣的学习平台，进一步增强他们的学习效果和学习体验。

回顾以上内容，我们可以看出Second life，Moodle和Sloodle三者各有不同，Second Life用于虚拟世界体验，Moodle用于创建在线课程，而Sloodle则是两者结合的产物，它为教师提供了一种创建沉浸式虚拟教育体验的新方式，让教师可以更灵活地将教学内容融入虚拟环境中。这三者可以在教育中用于不同目的，教师可根据需要进行组合和使用。

第四节
方块启示:Minecraft的奇幻教育世界

在教育的广袤天地中,有一个充满奇幻色彩的领域正悄然绽放光芒,那便是由 Minecraft 构建的奇幻教育世界。想象一下,一个个方块仿佛是神奇的魔法元素,组合出无限可能。那么,Minecraft 究竟是怎样一个独特的存在?它在教育中有着哪些令人瞩目的应用?如何通过它设计教学案例?在外语教学中,它又具备怎样的突出优势呢?让我们一同踏入 Minecraft 的方块启示之旅。

1. Minecraft:从游戏到教育工具的进化

Minecraft是一款由Mojang开发和发行的3D生存沙盒游戏,横跨多个平台。最初由独立电子游戏设计师Markus Persson在2009年创造。该游戏没有强制性的目标,允许玩家自由选择玩法。这款游戏默认采用第一人称视角,玩家在创造模式中拥有无限的资源,永远不会感到饥饿,并且能够飞翔。游戏世界由各种方块组成,代表各种材料,如泥土、石头、矿石、树干、水和熔岩。玩家可以随意拾取和放置这些物体,生成与制造工具和建筑,在自由探索中搜集素材。

作为风靡全球的电子游戏,Minecraft具有以下丰富的特点:

- 创造模式:玩家拥有无限的资源和生命,可以自由构建各种建筑、结构和艺术作品。此模式适合玩家自由创造和设计,由于没有生存压力,玩家可以专注于构思和实现自己的创意。

Minecraft 游戏海报

- 生存模式：玩家需要保持自己的生命值、寻找食物和管理资源，同时应对敌对生物和环境的挑战。玩家需要采集自然资源来制作各种工具，然后利用各种材质的方块建造道具、家具以及庇护所，从而在这个虚拟世界中生存下去。
- 多人游戏：Minecraft 支持多人游戏，玩家可以在同一个虚拟世界中进行合作或竞争，这为团队合作、共同创造和社交互动提供了平台。
- 丰富的生态系统：Minecraft 世界中有多种不同类型的生物（动物、植物）和生态系统，玩家可以在其中探索森林、沙漠、山脉、丘陵等各种地形。
- 探索与发现：游戏中的虚拟地图非常广阔，玩家可以探索地下洞穴、地下水域和各种奇特的地点，寻找资源和隐藏的宝物。
- 创造与合成：在游戏中，玩家能够运用各类资源和原材料，巧妙合成工具、武器、建筑材料等。这可以激发玩家的创造激情，培养他们解决问题的技能。
- 社区创作：Minecraft 有着庞大的社区，玩家可以创造自己的模组、插件、纹理包等，进一步扩展游戏的内容和体验。
- 教育应用：由于 Minecraft 具有创造性、教育性和互动性，许多学校和教育机构开始将其用于教育，以提升学生的创造力、合作能力和解决问题的能力。Minecraft也因此推出了教育版本。

总体而言，Minecraft不仅是一个娱乐性游戏，更是一个充满创造力、探索和互动的虚拟世界，能为玩家提供丰富的体验和可能性。它适合各个年龄段的玩家，并在教育领域得到了广泛的关注和应用。

作为全球通用的语言，英语在Minecraft中得到了广泛应用。在游戏中，玩家需要掌握一些基本的英语单词，如“wood”“stone”“pickaxe”等。此外，英语的语法和句式也可在游戏中得到体现，如“I am mining”“He is building”等。有趣的是，游戏中还有其他语言的应用。例如，游戏中的“Enchantment Table”使用的是拉丁语，而“Ender Dragon”使用的是德语。这些语言的应用让游戏更加丰富多彩。

在游戏中，玩家可以通过聊天系统的文字输入、内置的实时语音交流系统以及符号和表情来进行交流。在聊天系统中，玩家可以使用英语或其他语言进行交流；其语音系统则更加方便，玩家可以直接进行语音交流，但需要注意语音的清晰度和口音问题；符号、表情和姿势则是一种简单而又直观的交流方式，玩家可以使用符号和表情来表达情感和思想，用姿势来强化表达。

通过游戏，玩家有机会学习英语和其他语言。游戏中的任务和提示以英语呈现，使玩家能够在游戏过程中积累英语词汇和语法知识。同时，通过学习其他语言，玩家还能更深入地理解游戏中的内容。游戏对语言学习的帮助不仅仅体现在语言方面，还体现在帮助玩家培养交流和合作的能力上。在游戏中，玩家需要与其他玩家互动来完成任务，这有助于培养良好的交流和合作能力。

2. Minecraft的应用：创造性建设、历史重现、科学探索

Minecraft作为一款数字化的创造性沙盒游戏，不仅在娱乐领域备受欢迎，在教育领域也发挥着巨大的潜力。Minecraft被认为是一个跨学科的教育工具，它能激发学生的创造力、深化历史理解并促进科学实验。其开放性的虚拟世界为创造性建设、历史重现和科学探索提供了独特的学习机会，外语教学与Minecraft的结合可以为学生提供更丰富的学习体验。

1）外语教学与创造性建设

使用Minecraft进行创造性建设能为外语教学带来生动的语境。学生可以使用游戏内的方块和元素，创造虚拟世界中的建筑、场景和物品，这为学生提供了一个独特的外语学习机会。为了与其他玩家协作或在游戏中交流，学生需要用外语表达构想、协商规划和解决问题。这种实际的语言运用不仅让外语学习更具趣味性，还能培养学生的沟通和协作能力(Marcon，2016)。

例如，学生可以在游戏中共同建设一个虚拟城市，他们需要通过协商决定城市规划、建筑设计和资源分配等事宜，而这些过程都需要用外语进行交流和讨论。

2）外语教学与历史重现

Minecraft的历史重现功能为外语教学提供了有趣的历史学习机会。学生可以使用游戏中的资源和工具，重建历史时期的场景、建筑和文化特征。在这个过程中，他们需要描述和解释他们所建设的历史场景，这有助于提高他们的外语表达能力和增加历史知识。

例如，学生可以合作重构古代文明的城市，如古希腊或古埃及等，他们需要使用外语来讨论城市的历史、建筑风格和社会结构。

Minecraft中重现的古建筑

3）外语教学与科学探索

Minecraft的科学探索功能为外语教学创造了实验性与跨学科的学习环境。学生可以使用游戏中的虚拟实验室来模拟科学实验，观察和记录实验结果。在这个过程中，他们需要用外语来描述实验步骤、观察现象和分析数据，这有助于丰富他们的外语科技词汇、提高表达能力。

例如，学生可以在游戏中了解物理实验的过程，如重力实验或光学实验。他们需要用外语编写实验报告，解释实验结果并得出结论。

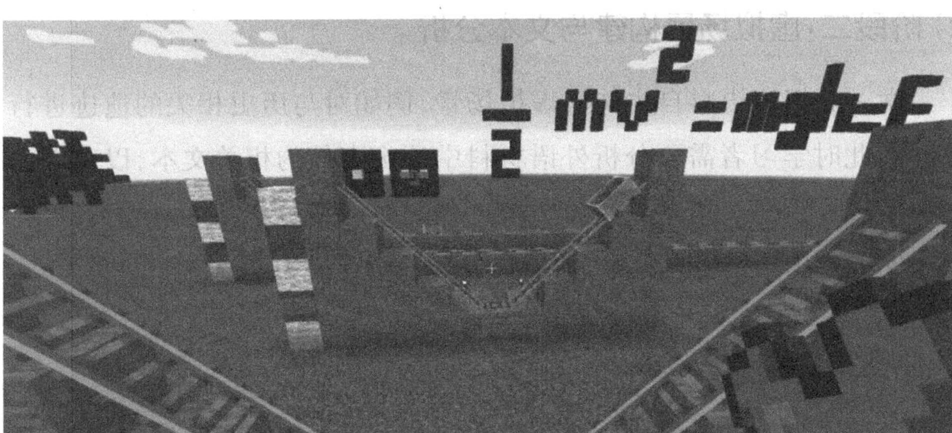

Minecraft中的科学实验关卡

总之，将 Minecraft 与外语教学结合可以为学生提供更具吸引力和互动性的学习体验。通过在游戏中使用外语来构建、重现历史和进行科学探索，学生能够更自然地运用外语，同时增加目标语国家的文化和其他学科知识。这种“英语+其他学科”的学习方式有助于培养学生的语言实际运用能力，使外语学习更加有趣和有意义。

3. Minecraft 中的教学案例设计：虚拟历史场景重建和团队合作

在进行外语教学相关的案例设计时，可以将历史场景重建和团队合作分成几个阶段，以确保设计环节更加清晰和易于理解。

1）阶段一：项目选题与规划

教师与学习者共同讨论选题，确定历史场景重建、数学建模和团队合作的主题。选题应与外语学习的目标紧密相关，例如古代场景可与外语文化、历史知识联系，数学建模可结合数学词汇和问题解决，团队合作可锻炼学习者的合作交流能力。

2）阶段二：虚拟场景构建与文本分析

学习者根据史料自主构建虚拟场景，例如对与历史相关的遗迹进行重建。此时学习者需要分析外语材料中历史事件的相关文本，以获取必要的情境和信息。通过设计与虚拟角色的对话和游戏剧情，学习者可将语言实际应用于情境交流中，从而提升外语听说能力。

3）阶段三：虚拟场景描述

学习者需要使用外语描述与模型相关的历史知识和背景，从而将外语知识与数学实践相结合。在虚拟场景中，学习者可以与虚拟角色交流，解释和讨论历史建筑模型，这有助于促进外语与学科交叉的能力培养。

4）阶段四：团队合作与跨文化交流

来自不同专业的学习者组成跨文化团队，发挥不同的职责，共同完成项目。这个过程强调培养外语学习者的团队合作和沟通能力。通过与来自不同语言背景的同伴合作，学习者能锻炼在真实跨文化环境中运用外语的能力，并提高语言自信。

5）阶段五：项目展示与反思

项目完成后，学习者将进行小组项目汇报。这一环节强调外语的口头表达能力和概念整合能力。学习者需要用外语清晰地介绍他们的虚拟场景重建、数学建模和团队合作的过程和成果。同时，他们还可以从项目中获得反思，深入思考如何在外语学习中运用这些跨学科技能。

通过以上分阶段的教学案例设计，学习者能在历史场景重建合作的过程中，全面培养自己的外语听说能力、学科交叉能力和跨文化交际能力。在项目展示的过程中，学习者既加强了外语能力的实际应用，又促进了学科知识与外语能力的融合。

4. Minecraft在外语教学中的优势：启发创造力、增强跨学科整合、引入游戏化教学

Minecraft在外语学习中有着独特的优势，主要表现在以下几个方面：

1）启发创造力

Minecraft在游戏中提供了创造性模式，玩家可以自由构建各种建筑、

结构和艺术作品，这种模式可激发玩家的想象力和创造力。在外语学习中，这种创造性激发也体现在语言表达上。玩家需要用外语描述他们所建造的虚拟世界，表达建筑的特点、用途等。这种实际语言运用能强化外语学习的实践性，促进创造性思维与外语表达的融合。

2）增强跨学科整合

Minecraft的应用涵盖了多个学科领域，已知的就有历史、数学、外语等。在历史重现方面，玩家可以重建古代城市、历史事件，深入了解历史文化。在数学建模中，玩家需要分析模型、描述数学概念，将外语与数学结合。这种跨学科整合促使玩家在外语学习中接触不同领域的知识，拓展他们在实际学科中应用外语的能力。

3）引入游戏化教学

Minecraft本身是一个游戏，其内在的游戏化元素使外语学习过程更加有趣和动力十足。学习者在游戏环境中进行探索、建构、互动，从中获得学习的愉悦感。游戏中的任务与挑战能有效地唤起学习者的自发性参与和高度专注。这种游戏化教学设计鼓励学习者积极参与，可以增强他们对外语学习的投入和兴趣。

综上所述，通过激发创造力、增强跨学科整合和游戏化教学设计，Minecraft能为外语学习者提供一个丰富、创新且具有趣味性的学习平台，使他们在实践中获得更深入、更全面的外语能力提升。

第五节
深入虚拟：Roblox引发的创造力大爆炸

如果你曾想过在一个虚拟世界中打造自己的游乐园，创造属于自己的游戏，甚至和全球的朋友们一同冒险，那么Roblox就是你的梦想之地。Roblox不仅仅是一个游戏，更是一个充满无限创意和社交交流的虚拟平台。Roblox是Roblox公司开发的在线游戏平台和游戏创作系统，允许用户编写游戏程序并参与其他用户制作的游戏。该平台于2004年创建，2006年发布，平台支持使用编程语言Lua编写的多种类型的用户创建游戏。而COVID-19更使其成为人气旺盛的社交场所，并得以加速发展，2021年Roblox上市，反响火爆。

接下来，让我们一同走进这个奇妙的世界，从了解Roblex的全貌开始，探索它丰富的应用场景，了解其在外语教学领域中案例设计，以及它在外语教学中展现出的独特优势，开启一场由Roblex引发的创造力之旅。

1. 进入Roblox世界，探索创意无限

1）创意制作的天堂

在Roblox世界中，你可以成为创意的主人，从零开始打造自己的游戏、角色、场景。平台提供了丰富多样的创作工具，无论是绘制图形、编写代码，还是设计音效，都能在这里得以实现。你可以设计一个精彩的冒险故事、建造一座独特的城市，或者创建一个神秘的幻想世界。只需凭借你的创意和想象力，Roblox就是你的实验场。

2）社交互动的天堂

Roblox不仅是创意的聚集地，更是社交互动的天堂。你可以邀请朋友们一同参与游戏，共同踏上冒险之旅，迎接挑战，全球的玩家都在等待你的加入，在这里你可以结交来自世界各地的朋友，一同合作、竞争，甚至是举办虚拟派对。Roblox为你精心打造了一个无限广阔的社交网络，让你随时随地与他人尽情互动。

3）应用领域的广泛拓展

Roblox不仅仅是一个游戏平台，它还涵盖了广阔的应用领域。教育者们已经开始将Roblox引入教育领域，创造丰富的教学资源。学习者可以通过创作小游戏来学习基本的编程代码和逻辑思维，在与同伴的讨论中提升团队协作能力。此外，Roblox也成为了创业平台，许多开发者在这里发布他们的游戏，积累丰富的创业经验，在这里找到从游戏设计到社交管理的各种职业机会。

无论你是想寻找创意的乐园，还是希望体验社交的快乐，甚至是探索教育与创业的可能性，Roblox都将为你敞开大门。在这个多样化的虚拟世界里，你能找到无尽的机会，释放你的创造力，体验前所未有的社交互动。无论你是年轻的探险家，还是充满激情的创作者，你都可以在这里成为自己的英雄，创造自己的传奇。

2. Roblox的应用：游戏开发、虚拟体验、编程学习

Roblox作为一个极具潜力的平台，融合了游戏开发、虚拟体验和编程学习等功能，为年轻一代提供广阔的创造和创新空间。这个多功能平台不仅仅是一个娱乐工具，它还有着深厚的外语教育潜力。

1）游戏开发：启发创造力与逻辑思维

Roblox为儿童提供了一个可见可得的游戏开发平台。在这里，年轻的开发者可以轻松创建自己的虚拟游戏世界，从地图设计到角色动画，无所不能。这种游戏化学习方式不仅有助于培养逻辑思维和创造力，还为儿童提供了探索游戏开发基本概念的机会。此外，教师可以设计外语学习游戏，让学生通过游戏中的任务学习词汇和语法，这为外语学习者提供了一个独特的途径。

Roblox中的交流互动

例如，想象一个10岁的儿童，在Roblox平台上创建了一个虚拟冒险游戏。通过这个过程，他能学会设计游戏关卡，编写简单的指导故事，并与其他玩家合作解决问题。这个经历可以培养他的创造力，而编写游戏中的文字指导也能为他提供使用语言的机会。

2）虚拟体验：跨文化交流的机会

Roblox的虚拟世界提供了一个全球范围内的社交互动平台，吸引了来自不同国家和文化的玩家。在这个虚拟环境中，玩家可以与世界各地的人合作、互动，一起创造游戏、角色和场景，这不仅扩大了玩家的社交圈子，还能为外语学习创造独特的机会。与来自不同文化和语言背景的玩家互动，有助于提高他们的口语和听力技能，培养跨文化理解能力。

Roblox游戏海报

例如：学生可以在Roblox中参加一场有多国玩家共同参与的角色扮演游戏。他需要与来自美国、巴西和日本的玩家合作解决游戏中的谜题。这个互动过程迫使他使用英语进行沟通，努力通过游戏环节和场景布置来理解他人的话语，同时也让他了解不同国家的文化和语言。

3）编程学习：逻辑思维与问题解决

Roblox平台以Lua编程语言为基础，鼓励学生编写脚本和程序，从而掌握基本的编程概念。这种通过游戏进行编程学习的方式，使编程知识更易于理解和实践，还能培养逻辑思维、问题解决和自主学习能力。这种编程学习经验也能为外语学习打下坚实的基础，因为语言学习同样需要逻辑和问题解决能力。

例如：学生可以在Roblox中创建一个虚拟机器人，并使用Lua编程为机器人编写一系列指令。这个过程不仅让他学会了编程，还帮助他理解语言中的语法和逻辑。在编写程序的同时，他也需要考虑如何用英语书写清晰的指令。

Roblox的游戏开发、虚拟体验和编程学习的功能使其成为外语教育的理想工具。教师可以利用它来设计引人入胜的外语教育活动。与此同时，学生通过游戏开发和编程学习，不仅可以提高外语应用能力，还可以为未来的职业发展积累技能。这个平台的潜力在于，它不仅可以用于娱乐，还可以用于教育，这为外语学习的未来开辟了新的可能性。

3. Roblox中的外语教学案例设计：在编程中完成学习目标

为确保教学的有效性和有趣性，使用Roblox设计外语教学案例可以参考以下几个阶段：

1）阶段一：理解学习目标和学生需求

在设计案例之前，首先需要明确学习目标以及学生的需求和水平。确定所要教授的外语技能（如口语、听力、写作等），并考虑学生的年龄、语言背景和兴趣爱好，以确保案例的内容和难度适合学生群体。

2）阶段二：选题和概念设计

选择一个与外语学习目标相关的主题，并设置有虚拟奖励的任务，以激发学生的兴趣。例如，你可以选择创建一个以旅行为主题的游戏，要求学生在游戏中与虚拟角色进行外语对话，完成各种任务。概念设计包括游戏的整体框架、背景设定、任务目标和互动要素等内容。

3）阶段三：角色设定和任务设计

确定游戏中的虚拟角色，并为每个角色设计独特的语言和个性。为每个角色分配特定的任务或对话情境，要求学生与这些角色进行互动。例如，学生可能需要在游戏中与虚拟商贩谈判价格，或者与虚拟导游讨论旅行计划。

4）阶段四：编程与游戏创作

引导学生学习Roblox平台的基本编程技能，让他们能够创建虚拟角色、设定任务、设计互动环节等。学生可以根据自己的喜好进行游戏创作，将外语学习融入游戏设计，思考语言的组织与应用。这有助于加深学生对语言的理解，鼓励学生使用外语进行游戏的文字对话或语音交流，以达到语言实践的目的。

5）阶段五：实践与反馈

促使学生在游戏中通过实时交流系统进行外语对话和交流，通过团队合作或协商来完成游戏中的任务。教师可以充当虚拟角色与学生进行对话互动，同时提供及时的语言纠错与反馈。

6）阶段六：分享和评价

鼓励学生分享他们创建的游戏，让其他同学体验并提供反馈。学生可以从其他人的游戏中学习不同的语言表达方式，加深对外语的理解。同时，教师可以对学生设计的游戏机制和语言学习环节进行评价，促进学生的创意表达和语言应用能力。

通过以上阶段的设计，Roblox外语教学案例将成为充满创意和互动性的学习体验，使学生在游戏中实际运用外语。学生在提升语言技能的同时，也能培养自身的编程和协作能力。

4. Roblox在外语教学中的优势：创造性、社交性、可编程性的融合

Roblox作为一个虚拟平台，融合了创造性、社交性和可编程性的特点，为外语学习提供了独特的优势。这些特点使得Roblox成为一个引人入胜的学习工具，可以在外语教育中发挥出色的作用。

1）创造性的发展

Roblox的创造性特点使学习者能够通过游戏开发和角色扮演等方式，创造出自己的虚拟世界。学习者可以在这个世界中用外语设计场景、编写对话，并在实际互动中实践语言技能。这种创造性的环境能激发学习者兴趣，使他们自主设计学习材料，从而更加深入地理解和掌握外语。

2）社交性的互动

Roblox提供了一个全球范围内的社交平台，让学习者与来自不同文化背景的人们互动。在游戏中，学习者可以合作、竞争，用外语与其他玩家进行实时交流。这种社交互动能激发学习者的自信，使他们更愿意主动表达自己的想法，从而提高外语口语和听力技能。

3）可编程性的学习

Roblox平台可以让学习者习得基础的编程概念和技能。学习者可以用编程语言控制虚拟角色的行动和对话，从而创造出自己的教育场景。这种编程学习不仅能培养学习者的逻辑思维和问题解决能力，还能为学习者提供在外语学习中创造互动环境的能力。

将这些优势与Roblox的特点联系起来，外语教学可以设计为学生在虚拟环境中创造性地设计游戏、与他人互动，并运用编程技能来促进语言

实践。例如，学生可以设计虚拟角色展开外语对话，通过完成游戏任务来提升听说能力，并在设计过程中学习编程，进一步拓展自身的技能范畴。

在教学案例中，学生可以在阶段性的任务中逐步体验创造、社交和编程的过程，从而获得全面的外语学习体验。这种跨学科的学习方式不仅能够提升语言技能，还能促进创新思维的培养和多样性技能的发展。

第六节

逼真构想：Unity 与 Unreal Engine 的教育应用

在当今数字化时代，Unity 和 Unreal Engine 如同 VR 和 AR 领域的巨人，它们的身影不仅深植于游戏开发的大地，更是教育领域中宝贵的工具。接下来，我们将深入研究这两个引擎，从教育应用出发，探讨它们如何为外语教学提供崭新的可能性。

1. 引擎的威力

1) Unity：创造与教育的奇妙交汇

Unity 是由电子游戏开发公司 Unity Technologies 开发的跨平台游戏引擎，可以用于开发 2D 或 3D 游戏，支持 C#、可视化或本文格式编程。Unity 的首次发布时间为 2005 年 6 月，作为 Mac OS X 游戏引擎在苹果全球开发者大会上发布。该引擎已逐渐扩展到支持各种桌面、移动、主机和 VR 平台。它在 iOS 和 Android 手机游戏开发中备受欢迎，对新手开发者来说极易上手，在独立游戏开发中也广受欢迎。此外，该引擎可用于创建交互式模拟和其他专业领域的模拟体验，已被视频游戏以外的行业，如电影、汽车、工程、建筑和军事行业采用。

Unity 是一款多用途的跨平台游戏引擎，它让 VR 和 AR 不再是未来的抽象概念，而是当下切实的创造。从沉浸式的语言学习到跨文化交流的模拟，Unity 能为教育带来崭新的可能性。想象一下，教师可以在学会简单代码的情况下，轻松地创造自己的虚拟世界，设计沉浸式的学习情境，或者模拟现实的外语环境，帮助学生提高语言技能。

2) Unreal Engine：逼真之境的探索者

Unreal Engine是由Epic Games开发的计算机图形游戏引擎，最初于1998年在电脑端第一人称射击游戏《虚幻》(Unreal)里出现，后来被用于多个平台的各种类型游戏，并被其他行业所采用，尤其是影视和游戏行业。虚幻引擎用可视化的蓝图或C++编写，具有高度的可移植性，支持广泛的桌面、移动、控制台和VR平台打包。

Unreal Engine以其卓越的图形表现和强大的渲染功能享誉国际。该引擎赋予虚拟世界更真实、更沉浸的探索体验。想象一下，学生可以在虚拟环境中深入体验不同国家和文化，或者扮演角色，练习外语语言表达和创作。Unreal Engine不仅能带来视觉上的震撼，还可以帮助学生在虚拟世界中锻炼语言技能。

Unity和Unreal Engine，让创意无限蔓延，打开逼真虚拟之门，它们都可以成为外语教育的新工具。在国外有关计算机辅助外语教学的研究中，Unity的身影已频繁出现。

下面我们将分别深入研究这两位“数字巨匠”的教育潜力，带你走进它们的世界，一起探索创新教学的奇妙之旅。

2. Unity 引擎：跃入虚拟世界的契机

Unity 引擎不仅是一款多平台支持的游戏引擎，而且已经跨越了游戏领域进入到教育的视野中，让人们看到了其在教育中的潜力，及其为外语教学提供丰富的虚拟学习体验。

1) Unity 的教育应用案例 1：护林小熊

在这一小节，我们将详细介绍 Unity 引擎在外语教学中的应用案例。从沉浸式语言学习体验到跨文化交流的模拟，Unity 引擎能为学生提供游戏化学习外语的方式。

在当代教育领域，教育游戏的角色日益显著。教育游戏是指以实现特定知识传授目的而设计出来的游戏，它不仅能够提供具有娱乐性质的学习体验，还能够激发学习者的积极性，促使知识的吸收和技能的培养。

护林小熊是一款教育游戏，由新疆师范大学教育科学学院的李海峰和王炜基于人本主义理论的教育游戏设计框架进行设计和开发，于2015年投入研究。以下是这款游戏设计的理论基础、开发理念和教育目标的实现（李海峰 & 王炜，2015）。

① 理论背景：人本主义理论

人本主义理论强调将学习者置于教育过程的核心位置，高度重视对个体的尊重、致力于促进个体的发展以及实现个体的全面成长。在教育游戏领域，这一理论为设计师提供了有关如何满足学习者需求的指导原则——关注学习者的学习体验、动机、认知发展和语言技能的成长。

② “护林小熊”游戏设计

- 学习者分析：“护林小熊”游戏的受众为小学四年级学生，其主要学习目标是巩固对英语单词的记忆。考虑到该年龄段学生对动画形象的浓厚兴趣，游戏选择以可爱的小熊作为虚拟角色，并通过创设引人入胜的3D场景来进一步激发他们的游戏热情。通过这种设计，该游戏提供了一个具有吸引力和互动性的学习环境，促使学生更有效地参与并巩固英语单词的学习。
- 教育分析：“护林小熊”游戏的目的之一是强化学生对指定单词的识别和记忆，而另一个目的是通过游戏培养学生的环境保护意识。这款游戏融合了行为主义、认知主义和建构主义的理论，通过自定步骤匹配英语与汉语的关系，帮助学生在具体情境中构建知识。
- 游戏设计：作为“护林小熊”游戏的开发平台，Unity 3D提供了便捷的地形创建、树木生成和3D模型导入功能，符合游戏主题场景的创建需求。游戏规则的设计巧妙地将玩家对游戏的热情与英语单词的学习有机地结合在一起，激发了学生的学习兴趣。通过制定游戏规则，创造出具体而有趣的学习环境，游戏不仅成为学术活动的载体，更是激发学生学习动机的媒介。该游戏的内容包括单词学习和小熊与伐木盗贼的对抗，通过挑战与胜利，满足玩家的心理需求。

③ "护林小熊"教育游戏开发概览

- 英语单词训练场：玩家必须首先通过英语单词训练场才能进入3D游戏场景。这一关卡包括"雨状单词"特效，通过Unity中的3D文字和物理引擎实现单词的飘落和点击选择。
- 3D文字的创建：这一过程包括创建预件，提取并匹配数据，实例化3D文字，以及在游戏中实现单词的循环。
- 单词物体的点选：单词物体的点选功能基于Unity 3D引擎中的射线原理得以实现，允许玩家通过点击选择单词。点击正确的单词获得加分，否则减分。这一功能有助于通过奖惩机制，帮助学生建立对单词的正确认知和掌握。
- 小熊状态：小熊状态的展示取决于学习者英语单词匹配的得分，因此其动作可表现为悠闲、挥手、振奋或摔倒等不同状态。该功能经由动画系统的设计和程序控制而实现。
- 护林小熊游戏场：护林小熊游戏场以"保护森林"为导向，让玩家与小熊一起参与护林活动。小熊具有多种魔幻的动作和技能，包括挥刀劈砍、舞刀旋转和口喷火焰。与小熊对峙的伐木盗贼会增加游戏的挑战性。

"护林小熊"以丰富学生的英语词汇知识和提升环保意识为目标，展示了教育与游戏的完美融合。这个案例为未来教育游戏的设计和开发提供了有价值的参考和借鉴，也为词汇学习带来了全新的体验。

作为一种融合了娱乐性、教育性和人文性的学习方法，教育游戏以人为核心进行设计与开发，其目标是促进学习。这种基于人本主义理论的教育游戏设计有助于开发者更全面地思考游戏中各个要素之间的关系，明确游戏、教育和人之间的独立性和关联性。未来，教育游戏领域将持续发展，在激励策略、学习者动机管理以及微观游戏学习策略等方面进行更深入的探索和实践。

2) Unity 的教育应用案例 2：虚拟英语学习社区

虚拟学习社区是一个基于 VR 技术的在线学习环境，能为学习者提供更丰富的学习体验，它由新疆师范大学教育科学学院的李海峰和王炜基于具身认知理论开发，2016 年投入研究。(李海峰、王炜，2016)

以下我们将从理论基础、程序设计、应用效果及其独特优势进行介绍。

① 理论基础：具身认知理论

具身认知理论强调身体在认知过程中的关键作用，认为人们对信息的理解和处理不仅依靠大脑，还受到身体体验和活动方式的影响。简言之，我们通过身体与环境的互动来塑造认知。这一理论强调，认知不仅仅发生在大脑层面，还涉及我们如何用身体感知、运动和参与周围世界。认知与身体紧密相连，没有脱离身体属性的纯粹认知。

传统的在线学习环境设计主要依赖行为主义、认知主义、建构主义和联通主义等理论，强调信息刺激和人际交往。具身认知理论强调身体在认知中的重要作用，转变了学习环境设计的方法，将学习者的身体置于学习环境中，通过虚拟角色实现学习者的具身体验。

根据具身认知在线学习环境设计原则，研究者提出了几个关键要素。第一，要构建具有相应功能的虚拟角色，以满足学习者的需求，并让学习者能够控制虚拟角色的行为。第二,在线学习情境应提供不同维度的学习资源,包括物理环境、生物环境和社会环境等。第三,在线学习环境应促进多人合作学习,构建支持多人交互和共同体验的社交氛围。第四,应全面考虑在线学习环境的内容、设计和制定,使学习目标、环境、身体和认知与心智协同一致。

② 在线学习社区的设计

在线学习环境设计和开发包括对学习内容、虚拟角色、学习环境、学习交互及通信和部署的设计。这些设计和开发步骤直接影响在线学习社区的功能和用户体验。

- 学习内容设计:该部分涵盖所选的英语学习内容,包括视频资源、文本信息等,及其来源和处理方法。设计者使用了格式转换工具,以确保视频资源的兼容性。文本资源以网页形式呈现,便于学生浏览和下载。这是确保学生对学习内容可访问和可理解的关键部分。
- 虚拟角色设计:这部分包含虚拟学习者的设计和功能,包括行走、奔跑、感知和信息交流等。这些功能是为了实现具身体验和社交需求。角色的设计使用了三维模型开发软件,并强调外表和动作的逼真程度,以提供更好的用户体验。
- 学习环境设计:这部分着重于提供具身体验的在线学习环境。涉及学习工具、学习资源和虚拟场景等组成部分,以及如何满足学习者的具身体验和社交需求。学习工具包括聊天室、客户端控制和视频播放控制等。
- 学习交互设计:这部分介绍在线学习社区中的教学交互层次,包括操作交互、信息交互和概念交互。操作交互是用户与虚拟环境的互动,信息交互涉及用户与系统或其他用户之间的信息传递,概念交互是最终学习目标的实现。这部分还包含服务器的作用,支持视频学习和虚拟角色的控制与交互。

- 通信和部署设计：该部分描述虚拟学习社区中服务器和客户端的角色与功能。服务器负责视频资源管理和同步播放，客户端负责连接服务器和加载本地视频资源。该部分还包含远程过程调用方法，以实现视频的同步播放。

以上设计和开发步骤构成了一个综合的在线学习环境，旨在提供具体的英语学习内容、虚拟角色和互动体验，以支持学生的具身认知学习。这是一个复杂而令人兴奋的项目，有望为学生提供更丰富的在线学习体验。

③ 虚拟学习社区的开发

虚拟学习社区的开发离不开工具和功能模块。在此，我们将介绍虚拟学习社区中的服务器构建、视频播放系统、虚拟化身的创建和控制及简易聊天室的开发，以及Unity 3D开发工具的特点和功能。

- 服务器构建：虚拟学习社区使用两个服务器，一个用于管理学习资源，另一个用于控制虚拟社区中的角色和视频。资源服务器使用ASP.NET*开发，并由IIS(Internet Information Service，互联网信息服务)进行管理，实现视频的上传和删除。虚拟社区服务器使用Unity 3D引擎创建，负责角色的创建和控制，以及通过网络连接学习者。
- 视频播放系统：学习者可以选择使用服务器上的视频资源进行同步播放，也可以加载本地视频资源进行自主学习。同步播放的原理是通过服务器选择视频资源并将其地址发送到所有与服务器连接的客户端，然后客户端加载视频地址并播放。这一功能的实现借助了Unity 3D的RPC(Remote Procedure Call，远程过程调动)方法。
- 虚拟化身的创建和控制：学习者的虚拟化身由角色模型和相关功能脚本构成。角色模型使用Maya软件创建，而角色的行为活动由功能脚本

* ASP：active server page网站开发技术.

实现。虚拟化身具有物理属性、通信能力和行为活动，这些功能通过给虚拟化身添加相应的组件来实现。

- 简易聊天室：虚拟学习社区中的教师和学生可以通过聊天室进行互动。网络视图组件用于同步所有客户端角色发送的信息，并将信息以字符串的形式显示在聊天室的GUI（Graphical User Interface，图形用户界面）面板中。

这些功能模块共同构成了虚拟学习社区的核心功能，允许学生和教师之间进行互动，并提供了多种学习方式，包括同步播放和自主学习。此外，Unity 3D的跨平台特性也有助于确保学习社区在不同设备上都能顺畅运行。

④ 英语虚拟学习社区教学实践应用

在某小学的六年级英语教学中，虚拟学习社区被引入教学，并与传统网页版在线学习进行了对比。实验分为A组（使用虚拟学习社区系统）和B组（使用网页版在线学习系统）。结果显示：A组学生在学习状态方面表现更好，包括注意力和学习兴趣。他们能够以协作的方式完成学习任务，并形成了一个基于局域网的学习共同体。A组学生的学习成绩明显高于B组学生。

这个实验表明，基于具身认知理论开发的虚拟学习社区系统对学习者的学习效果有显著帮助，比传统的网页版在线学习环境更具优势。

⑤ 虚拟学习社区的学习特征

虚拟学习社区改变了传统的在线学习环境，它将传统的网页版在线学习环境转变为具身性的VR学习空间。学习者能够获得更多的学习体验和具身感，避免了传统在线学习的单调性。

- 突出学习方式的具身性：虚拟3D空间为学习者提供了更广泛的行为活动场所，让学习者通过虚拟化身在空间中体验、感悟和交流。这种具身性有助于学习者在虚拟教室中建立归属感，并促进学习共同体的形成。

- 提供多样化的在线学习途径：虚拟学习社区支持同步学习和自主学习，为学习者提供更多的学习方式选择。教师可以组织集体同步学习，学习者也可以自主选择学习材料和进度，这有助于满足不同学习者的需求。
- 构建情境化的在线学习新方式：传统的在线学习系统通常提供文字、图片和论坛，难以吸引学习者的兴趣和注意力，也难以保持学习者的学习动力。虚拟学习社区通过构建VR学习空间，为学习者提供更具吸引力的学习环境，有助于提高学习者的学习动力和持久力。

总之，虚拟学习社区不仅能提供更好的学习体验，还能改变学习者的学习方式，增强学习的具身性，提供多样化的学习途径，构建情境化的在线学习方式，从而显著提高学习效果。

3）Unity 3D引擎的优势

Unity 3D平台在外语教学中具有显著的优势，包括良好的易用性、跨平台性和强大的社区支持等，这些优势使其成为外语教学理想的选择。

① 易用性

- 可视化编辑器：Unity 3D能提供直观的可视化编辑器，让教育者和开发人员能够轻松创建、编辑和布置虚拟环境及教育内容，而无需深入学习了解代码。这对于教育领域的非技术专业人员尤其具有吸引力，他们可以专注于内容创作而不必担心复杂的编程细节。
- 图形化编程工具：Unity 3D支持可视化编程工具，如Bolt或Playmaker，这些工具允许教育者使用图形化界面创建逻辑和互动，而不必编写代码。这降低了学习门槛，使更多的教育工作者能够参与到游戏和虚拟教育应用的制作中。

- 教程和培训资源：Unity 3D能提供大量的在线教程和培训资源，帮助教育者快速上手。这些资源包括视频教程、文档、示例项目以及活跃的社区论坛，能为不同水平的用户，无论是初学者还是经验丰富的开发人员都提供强大的支持。

② 跨平台性

- 多平台支持：Unity 3D允许开发者在多个平台上发布他们的应用，包括Windows、macOS、iOS、Android、Web和VR/AR平台。这意味着学生无论是在计算机、平板电脑还是智能手机上都可以访问和学习教育内容。
- WebGL支持：Unity 3D支持WebGL，这意味着教育者可以将教育游戏和应用直接嵌入网页，学生无需下载或安装额外的软件，即可访问课程内容。
- VR和AR整合：Unity 3D对VR和AR平台的支持也非常强大，这能为外语教育提供更强的沉浸式和交互性学习体验。例如，学生可以通过AR应用来实时与虚拟外语环境进行互动。

③ 社区支持

- 活跃的社区：Unity 3D拥有一个庞大且活跃的开发者社区，教育者可以在社区中获得技术支持、经验交流，并获取解决问题的帮助。这种社区功能有助于解决技术和设计上的挑战。
- 资源共享：社区成员时常共享开源项目、工具和资源，，而这些资源能够加速教育应用的开发进程。这种合作精神，对教育者创建高质量的外语教学游戏和应用颇有助益。

在外语教学中，以上优势使Unity 3D成为一个极具吸引力的选择。它简化了内容的创作和交付流程，使得学生在多个平台上访问教育内容。同时，借助强大的社区支持，学生可以改善和个性化他们的学习体验。同时，Unity 3D的跨平台性和支持VR/AR技术的特点也为创造更为丰富、互动和创新的外语学习体验提供了可能，使其成为外语教学的理想工具。

3. Unreal Engine：打开虚拟世界的奇妙之门

Unreal Engine以其逼真的图形成像和强大的模型渲染能力在教育领域崭露头角。本部分将带你了解用Unreal Engine制作的3D英语教育游戏如何为学习者的英语技能带来提升。

3D教育游戏在计算机辅助语言学习领域备受关注，它具有娱乐性、社会文化性、真实性、沉浸性和创造性等特点，得到了新一代学习者的广泛支持。目前，现有的3D语言学习虚拟环境主要是商业游戏，学习资源涉及知识产权问题，因此，国内外对于自行开发3D教育游戏以提高外语学习者语言技能的需求日益紧迫。

接下来我们将介绍的3D英语教育游戏由本书作者，重庆大学陈毅萍教授和上海外国语大学博士研究生张震宇开发，该游戏基于任务型教学法设计，并在2021年投入研究和应用（张震宇、陈毅萍，2021、2023），以帮助学生进行词汇、写作和跨文化知识的学习。

1）教学理念：任务型教学法

任务型学习（Task Based Learning，TBL）是一种侧重语境和意义的教学方法，也被称为任务型教学（Task Based Instruction，TBI）或任务型语言教学（Task Based Language Teaching，TBLT）。这一教学法已经存在大约40年。

TBL的优势已经在大量研究中得到证实。首先，TBL使用真实材料，这有助于学习者将新知识应用到实际情境中，提高语言表达能力。其次，TBL对于词汇习得也有积极影响，研究表明它比传统教学模式更为有效。

最后，TBL对学习者、课程设计和大规模教育项目都有益处。之前的研究还表明，在第二语言习得中，任务对于学生关注形式、功能和意义至关重要。随着技术的发展，TBL也经历了一些变革，近年来的研究开始探索将计算机辅助语言学习与TBL相结合的可能性。

2）教育游戏设计

研究者基于Halliday的儿童语言功能模型和Lin等人（2020）的研究，设计了一个适用于英语学习的3D教育游戏。游戏设计了七大功能：工具性功能—玩家通过探索虚拟环境来学习语言和文化知识；调节功能—玩家完成任务清单并寻找学习线索；互动功能—玩家通过游戏任务形成逻辑学习序列；人际功能—供玩家体验游戏中的情感表达；启发功能—帮助玩家解决实际生活中的问题；想象功能—玩家通过构建完整的故事来学习词汇和文化；表现功能—帮助玩家提高口头和书面交流能力。界面设计采用第三人称视角，玩家通过鼠标操作完成任务，文本信息以透明文本框形式呈现在屏幕左下角，不干扰学习过程。

3）实验结果与启示

研究结果显示，使用自行开发的3D教育游戏的学生在词汇学习成果方面有显著提高，同时在句法复杂性、句法多样性和从属子句以及T单元级别的准确性、数量和质量方面也有所改善。总之，3D教育游戏在提升外语学习者的词汇和写作表现方面具有独特的优势，后续的研究可以融入更多语法学习内容。

4）Unreal Engine的优势

Unreal Engine是一款强大的游戏引擎，具备图形逼真、物理模拟等特点，从而成为外语教学的理想选择。以下是Unreal Engine平台在外语教学中的三个显著优势：

① 图形逼真与虚拟场景

Unreal Engine以其出色的图形渲染和3D建模能力而闻名。这一特点能为外语教学创造逼真的虚拟环境，可用于模拟各种真实场景，如城市街道、自然风光、历史地点等。学生可以身临其境地探索不同的语境，提高他们的语言理解和表达能力。例如，学生可以在虚拟巴黎街头练习法语对话，或在虚拟自然景区学习相关英语词汇。

② 物理模拟与互动体验

Unreal Engine还支持高度精确的物理模拟，这使得虚拟环境中的物体能够依据真实世界的物理规律行动。这一特点可以用于创造各种互动性教育体验。在外语教学中，学生能够与虚拟角色互动，展开模拟对话，同时还能观察物体的运动和互动。这种实时互动性能够极大地增加学生的参与度，助力他们更深入地理解语言和文化。

③ 跨平台性与可定制性

Unreal Engine的另一个优势是其跨平台性和可定制性。教育者可以将虚拟外语教育内容轻松移植到不同的设备和操作系统上，从PC到移动设备，甚至VR头盔。这种灵活性可以满足不同学生的需求，使外语教育更具可访问性。此外，Unreal Engine还提供了丰富的工具和资源，使教育者能够根据学生的需求进行自定义内容的创建和修改，以更好地满足外语教学的要求。

总之，Unreal Engine以其逼真的图形、精确的物理模拟和跨平台的特点，可以为外语教学提供理想的虚拟环境。它可以提供沉浸式的学习体验，增强学生的语言技能和文化理解。此外，Unreal Engine 的可定制性使教育者能够根据学生不同的需求和教学目标创建个性化的教育内容。使其成为外语教学的强大工具，有望在未来的教育领域发挥越来越重要的作用。

第五章

元宇宙技术与外语教学

在科技浪潮汹涌澎湃的时代，元宇宙技术宛如一颗熠熠生辉的明珠，为外语教学带来了前所未有的机遇与挑战。当我们踏入这个充满奇幻色彩与更多可能的领域，一场让人期待的教育变革已然拉开帷幕。

本章节将带你深入探索元宇宙技术在外语教学中的精彩世界。首先，聚焦元宇宙技术下的外语教学实践，详细阐述教学场景搭建、教学资源开发、教学方法创新以及教学评估与反馈等关键环节的具体内容，同时洞察其中应注意的问题，旨在让你对元宇宙外语教学的关键环节有深刻的了解。其次，审视元宇宙技术下师生角色的转变，看教师与学生如何在新的教学环境中重新定位自己。最后，展望元宇宙技术下的支持与前景，从元宇宙外语教学的多维度推进，到教师学生技术能力的培养，再到元宇宙技术在外语教学中的广阔前景，为外语教学的未来勾勒出一幅充满希望的画卷。让我们携手共进，在元宇宙的浪潮中，开启外语教学的崭新篇章。

第一节
元宇宙技术下的外语教学实践

当元宇宙的神秘面纱逐渐展开，其在推动外语教学实践迈向新高度的征程中越发彰显魅力。接下来，我们将深入探讨元宇宙技术下外语教学实践中的几个关键步骤，包括教学场景构建、教学资源开发、教学方法创新以及评估与反馈，以探索如何更好地将元宇宙技术与外语教学相结合。

1. 教学场景构建

1）场景构建的内容

元宇宙技术以其强大的VR和AR能力，能为外语教学打造出前所未有的逼真学习场景。在元宇宙外语教学中，教学场景的构建包含以下内容：

① 真实感的环境模拟

- 利用VR、AR等技术高度还原外语国家的自然景观、城市风貌、历史建筑等。例如，可以构建出法国的埃菲尔铁塔周边场景，让学生仿佛置身于巴黎街头，感受浪漫的法语氛围；或者打造英国的大本钟和伦敦塔桥场景，使学生沉浸在英式文化中学习英语。
- 模拟外语国家的不同季节和天气变化，增强场景的真实感。比如在学习日语时，可以构建出樱花盛开的春天场景或者白雪皑皑的冬天场景，让学生更好地理解日本的四季文化。

② 多样化的学习场所

- 创建虚拟语言实验室，配备先进的语音识别、口语评测等技术设备。学生可以在这里进行听力、口语、阅读、写作等各项语言技能的训练，系统会及时给出反馈和改进建议。
- 设计虚拟图书馆，收藏丰富的外语书籍、杂志、报纸等学习资源。学生可以在这里自主阅读、查阅资料，拓宽知识面（华子荀、黄慕雄，2021）。
- 打造虚拟教室，教师可以在这里进行在线授课、组织讨论、布置作业等教学活动。学生可以与教师和同学进行实时互动，提高学习效果。

③ 互动性的社交场景

- 设立虚拟外语角，学生可以在这里与来自不同地区的同学用外语交流，分享学习经验和生活趣事。可以设置话题讨论区、小组活动区等，增加互动性。
- 构建虚拟国际会议场景，学生可以模拟参加国际会议，进行主题演讲、辩论、问答等活动。这不仅能提高学生的语言表达能力，还能培养他们的跨文化交际能力和国际视野（毛佳玳，2022；Sharma et al.，2023）。
- 开发虚拟社交平台，学生可以在这里结交外语国家的朋友，了解他们的生活方式和文化习俗。通过与外国朋友的交流，学生可以更好地掌握外语的实际运用。

④ 个性化的学习空间

- 根据学生的学习进度、兴趣爱好和学习风格，为每个学生定制专属的学习空间。例如，对于喜欢音乐的学生，可以打造一个充满音乐元素的学习空间，提供外语歌曲、音乐视频等学习资源；对于喜欢旅游的学生，可以构建一个世界地图场景，学生可以点击不同的国家和地区，了解当地的语言和文化。
- 允许学生自主装饰和布置学习空间，增加学生的归属感和学习积极性。

学生可以选择自己喜欢的背景图片、装饰品等，打造一个个性化的学习环境。

⑤ 动态的学习任务场景

- 设计各种与外语学习相关的任务场景，如购物场景、餐厅场景、旅游场景等。学生在这些场景中完成特定的学习任务，如用外语进行购物对话、点餐、问路等，提高语言实际运用能力。
- 任务场景可以根据学生的学习进度和能力进行动态调整，难度逐渐增加。例如，在购物场景中，刚开始学生可能只需要进行简单的商品询问和价格讨论，随着学习的深入，任务可以升级为与售货员进行讨价还价、处理退换货等复杂的交流。

总之，元宇宙外语教学中的教学场景构建要充分利用先进的技术手段，打造出真实、多样、互动、个性化和动态的学习环境，为学生提供更加丰富和高效的外语学习体验。

2）场景构建过程中的关键问题

在元宇宙外语教学场景的设计过程中，需要注意以下问题：

① 技术可行性与稳定性

- 确保所选用的VR、AR等技术在当前的硬件设备和网络环境下能够流畅运行。要考虑到学生和教师所使用的设备性能参差不齐的情况，避免因技术要求过高而导致部分用户无法正常参与教学。
- 对技术平台进行充分的测试和优化，防止在教学过程中出现卡顿、掉线、图像失真等问题。建立稳定的技术支持团队，能够及时处理可能出现的技术故障。

② 教学目标的明确性

- 每个构建的教学场景都要紧密围绕特定的教学目标。例如，在虚拟语言实验室场景中，目标是提高学生的语言技能，那么场景中的各项功能和活动都应与此目标相一致。

- 避免为了追求场景的酷炫效果而忽略了教学的本质。确保场景中的学习内容和活动能够真正帮助学生提高外语水平。

③ 内容准确性与文化适宜性

- 场景中呈现的外语语言、文化信息等必须准确无误。对外语国家的风俗习惯、礼仪规范等进行深入研究，确保在场景中的呈现符合实际情况，避免误导学生。
- 尊重不同文化之间的差异，避免因文化差异而引起学生的误解或不适。在设计国际会议等场景时，要考虑到不同国家的文化背景和交流方式。

④ 学生参与度与互动性

- 设计的场景要能够吸引学生积极参与，提高学生的学习兴趣。可以通过设置有趣的任务、奖励机制等方式，激发学生的探索欲望和竞争意识。
- 增强场景的互动性，让学生能够与教师、同学以及虚拟环境中的元素进行有效的互动。例如，在虚拟外语角场景中，提供多种互动方式，如语音聊天、文字交流、表情互动等。

⑤ 个性化需求的满足

- 考虑到学生的个体差异，设计能够满足不同学生学习需求和兴趣爱好的场景。例如，为喜欢音乐的学生提供音乐主题的场景，为喜欢旅游的学生提供丰富的旅游场景。
- 允许学生在一定程度上对场景进行个性化定制，让学生有更多的自主选择权，增强学生的归属感和学习积极性。

⑥ **安全与隐私保护**

- 确保教学场景的安全性，防止学生在虚拟环境中受到网络攻击、接受到不良信息等。加强网络安全防护措施，对学生的学习数据进行加密存储。
- 尊重学生的隐私，在收集和使用学生学习数据时，要明确告知学生数据的用途和范围，并获得学生的同意。严格遵守相关的隐私保护法律法规。

2. 教学资源开发

1）教学资源开发的内容

教育资源的开发对于提升教学质量、满足学生多样化学习需求至关重要。在元宇宙外语教学环境下，教学资源开发包含以下内容：

① **融合多媒体元素**

基于元宇宙的外语教材和学习资料具备独特优势，其中之一便是能够融合多媒体元素。精彩的视频可以生动地展现外语国家的风土人情、历史文化等，让学生能身临其境。清晰的音频有助于学生进行听力训练，熟悉不同的语音、语调与语速。生动的动画则能以趣味的方式讲解语言知识，使学习内容更加丰富多彩。

例如，制作介绍外语国家文化的 VR 视频教材。学生戴上 VR 设备后，仿佛置身于外语国家的博物馆、艺术展览等场所。在欣赏艺术作品的过程中，学生可以同时学习相关的外语表达和文化知识，这种沉浸式的学习体验能够极大地激发学生的学习兴趣和积极性。

② **利用人工智能生成个性化资源**

利用人工智能技术能够为学生生成个性化的学习资源。系统可以依据学生的学习进度、语言水平和兴趣爱好，为其精准推荐适合的学习内容和练习题目。

如果学生对音乐感兴趣，系统可以推送外语歌曲以及相关的歌词解析和音乐文化介绍，让学生在享受音乐的同时提升外语水平。若学生在语法方面比较薄弱，系统则会提供针对性的语法讲解和练习，帮助学生攻克难点。

③ 整合全球优质教学资源

整合全球范围内的优质外语教学资源是元宇宙外语教学资源开发的重要一环。通过元宇宙平台，学生可以轻松访问来自不同国家和地区的教学资源。

学生可以观看国外知名教师的在线课程，学习地道的外语表达和思维方式，汲取不同的教学方法和理念。还可以参与国际学生的学习社区，与来自世界各地的同学交流学习经验，拓宽视野，培养跨文化交际能力。

总之，元宇宙下的外语教学资源开发可从融合多媒体元素打造沉浸式学习体验、利用人工智能生成个性化资源以及整合全球优质教学资源等方面着手，为学生提供丰富多彩、个性化且具有全球视野的外语学习支持。

2）教学资源开发中须注意的问题

在基于元宇宙进行外语教学资源开发的过程中，需要注意以下问题：

① 技术兼容性

- 确保多媒体元素如视频、音频、动画等在不同的设备和操作系统上都能正常播放，避免出现兼容性问题影响学生的学习体验。
- 考虑到不同的 VR 设备型号和性能差异，要保证 VR 视频教材能够在大多数设备上流畅运行，且画面质量和交互效果不受影响。

② 内容准确性与权威性

- 对于介绍外语国家文化的内容，要进行严格的考证和审核，确保信息准确无误，避免传播错误的文化知识和外语表达。
- 在整合全球教学资源时，要筛选出权威、高质量的资源，确保学生接触到的是正确的语言用法和教学方法。

③ 个性化推荐的合理性

- 人工智能生成个性化学习资源的算法要不断优化，确保推荐的内容真正符合学生的学习需求和水平，避免出现不恰当或过于简单、困难的推荐。
- 要给学生一定的自主选择权，让他们可以对个性化推荐进行调整和反馈，以便系统更好地满足其需求。

④ 版权问题

- 在使用多媒体素材、整合国外教学资源时，要注意版权问题，确保合法使用，避免侵权纠纷。
- 对于学生创作和分享的内容，也要明确版权归属，保护学生的知识产权。

⑤ 学习负担与信息过载

- 虽然丰富的教学资源可以拓宽学生的视野，但也要注意避免给学生造成学习负担过重和信息过载的问题。要合理安排资源的呈现方式和学习进度。
- 提供有效的资源筛选和分类功能，让学生能够快速找到自己需要的学习内容，提高学习效率。

⑥ 教师引导作用

- 在学生使用个性化学习资源和全球教学资源时，教师要发挥引导作用，帮助学生正确选择和利用资源，避免学生在海量资源中迷失方向。

- 教师要及时了解学生的学习情况，根据资源的使用效果调整教学策略，确保教学资源的开发和使用达到最佳效果。

3. 教学方法创新

1）教学方法创新的内容

在元宇宙技术背景下，进行外语教学方法创新的目的是利用先进科技打造更具沉浸感、趣味性、个性化及高效性的学习体验，提升学生外语能力和跨文化交际素养，以适应不断发展的教育需求和全球化时代要求。元宇宙背景下的教学方法创新包含以下内容：

① 营造沉浸式体验教学

利用VR、AR等技术打造逼真的外语学习场景，如外语国家的著名景点、历史遗迹、文化活动现场等。学生仿佛身临其境，极大地增强学习的沉浸感和趣味性，更直观地感受外语的实际运用环境，提升语言感知能力。

② 推行游戏化学习模式

设计外语学习游戏，将语言知识和技能融入游戏任务和挑战中（Wiboolyasarin et al.，2023）。例如，开发冒险解谜游戏，学生在探索虚拟世界的过程中，需要运用外语与虚拟角色交流、解读外语线索来完成任务，在游戏中不知不觉提高语言能力，同时激发学生的学习兴趣和竞争意识。

③ 实施项目式合作教学

组织学生在元宇宙环境中开展项目式学习。学生以小组形式共同完成一个外语项目，如制作外语短视频、举办虚拟外语展览等。在项目实施过程中,学生们需要分工合作,进行资料收集、脚本编写、视频制作、讲解展示等工作,培养团队合作能力、创新思维和综合语言运用能力。

④ 开启远程协作互动教学

借助元宇宙平台打破地域限制,实现学生与来自不同地区的学生进行远程协作学习。他们可以共同参与外语研究项目、讨论交流学习问题、分享学习资源和经验,促进跨文化交流与合作,拓宽学生的全球视野和跨文化交际能力。

⑤ 定制个性化教学

利用人工智能技术根据学生的学习进度、水平、兴趣爱好等因素,为每个学生定制个性化的学习方案。系统可以推荐适合学生的学习内容、练习题目和学习资源,满足不同学生的独特需求,提高学习效率和效果。

2)实施教学方法创新需注意的问题

在元宇宙进行外语教学方法创新的过程中,针对不同的教学模式,教师需要予以不同的关注内容。

① 沉浸式教学体验

- 技术适配性:确保所采用技术与教学需求相适配,避免出现技术过于复杂而影响教学流畅性,或技术功能不足无法营造出理想的沉浸感。
- 内容精准性:沉浸场景中的外语表达及文化呈现要精准,经过严格审核以符合外语国家实际情况,防止错误信息误导学生。
- 学生适应性引导:关注学生对沉浸式技术的适应程度,对于可能出现的不适反应提前做好引导和应对措施,帮助学生尽快适应新的学习方式。

② 游戏化学习模式

- 坚守教育目标:在设计游戏时,始终坚守外语教学的目标,防止游戏过度娱乐化而偏离了提升语言能力的核心任务。

- 设置难度梯度：合理规划游戏难度梯度，既要有挑战性以激发学生兴趣，又不能过难使学生产生挫败感，确保不同水平的学生都能从中受益。
- 及时反馈机制：建立完善的游戏反馈系统，让学生能及时了解自己在游戏中的表现和进步，以便调整学习策略。

③ 项目式合作教学

- 目标与分工明确性：在启动项目前，清晰界定项目目标和学生的具体分工，确保每个学生都清楚自己的任务和责任，避免混乱和重复劳动。
- 团队协作能力培养：注重培养学生的团队协作技巧，通过组织团队活动、提供协作指导等方式，提升学生的沟通、协调和合作能力。
- 科学评价体系建立：构建科学合理的项目评价体系，综合考虑项目成果以及学生在项目中的参与度、团队合作表现等因素。

④ 远程协作互动教学

- 技术保障：确保远程协作平台的稳定性和兼容性，提供及时有效的技术支持，解决学生在协作过程中遇到的技术问题。
- 时间协调：考虑不同地区学生的时差问题，合理安排学习任务和互动时间，确保远程协作的高效进行。
- 文化差异处理：重视学生之间的文化差异，引导学生尊重和理解不同文化背景，促进跨文化交流与合作。

⑤ 个性化定制教学

- 数据安全保护：在利用人工智能进行个性化定制时，严格保障学生数据的安全和隐私，遵守相关法律法规，防止数据泄露。
- 算法持续优化：不断优化个性化定制算法，确保推荐的学习内容和方案切实符合学生的实际需求，避免出现偏差。

- 教师引导发挥作用：尽管个性化定制能提供个性化学习支持，但教师仍需发挥引导作用，关注学生学习情况，给予及时指导和反馈。

4. 评估与反馈

1）评估与反馈的内容

在元宇宙外语教学模式下，学习评估与反馈起着至关重要的作用。它不仅是衡量学生学习成果的关键手段，更是推动教学持续优化、提升教学质量的有力保障。它包含以下几个方面的内容：

① 学习过程评估

- 参与度评估：通过监测学生在元宇宙学习场景中的活动频率、时长以及互动情况，评估学生的学习参与度。例如，统计学生参与虚拟课堂讨论、小组项目合作、游戏化学习任务等的次数和表现，以此判断学生是否积极投入学习。
- 技能提升评估：针对外语学习的听、说、读、写等各项技能，利用元宇宙中的技术手段进行评估。如通过语音识别技术评估学生的口语发音准确性和流利度；利用文本分析工具评估学生的写作语法和表达能力。同时，对比学生在不同阶段的技能表现，确定学生的技能提升程度。

② 学习成果评估

- 知识掌握评估：通过阶段性测试、作业和项目成果展示等方式，评估学生对外语知识的掌握程度。在元宇宙环境中，可以设计多样化的测试形式，如虚拟场景中的问答挑战、知识竞赛等，以更生动有趣的方式检验学生的知识水平。
- 综合能力评估：除了知识掌握，还需评估学生的综合语言运用能力和跨文化交际能力。例如，设置模拟跨文化交流场景，观察学生在与虚拟角色或其他学生互动中的表现，评估他们的沟通能力、文化敏感度和适应能力。

③ 反馈机制

- 即时反馈:利用元宇宙技术提供即时的学习反馈。例如,在学生进行口语练习时,语音识别系统可以立即指出发音错误,并给出正确的发音示范;在学生完成练习题目后,系统可以马上显示答案和解析,帮助学生及时纠正错误,加深对知识的理解。
- 个性化反馈:基于学生的学习数据和评估结果,为每个学生提供个性化的反馈。系统可以根据学生的薄弱环节和学习进度,推荐针对性的学习资源和练习任务,并给予个性化的学习建议,帮助学生制定更有效的学习计划。
- 教师反馈:教师在元宇宙教学环境中也扮演着重要的反馈角色。教师可以通过观察学生的学习表现、参与讨论和答疑等方式,为学生提供更深入的反馈和指导。同时,教师可以根据学生的整体情况,调整教学策略和内容,以更好地满足学生的学习需求。

2) 评估和反馈需注意的问题

在元宇宙外语教学环境中的评估与反馈过程中,教师应根据不同的评估内容,做出正确的评估。

① 学习过程评估

- 数据准确性:确保用于评估学生参与度和技能提升的技术手段所采集的数据准确可靠。例如,语音识别和文本分析工具要经过充分的测试和校准,以避免因技术误差导致对学生表现的误判。
- 评估全面性:避免只关注某些方面的参与度或技能,而忽视了其他重要因素。要综合考虑学生在不同学习活动中的表现,以全面评估他们的学习过程。

- 动态调整：学生的学习状态和参与度可能会随时间变化，因此评估标准和方法需要动态调整。教师需要及时发现学生的变化并相应调整评估策略，以确保评估结果能真实反映学生的学习情况。

② 学习成果评估

- 合理的评估标准：制定合理的知识掌握和综合能力评估标准，既要考虑外语学习的基本要求，又要结合元宇宙教学环境的特点。避免标准过高或过低，影响学生的学习积极性和自信心。
- 多元化评估方式：避免过度依赖单一的评估方式，如考试或作业。应结合多种评估方式，如项目展示、小组讨论、实践活动等，以更全面地评估学生的学习成果。
- 及时的反馈：在评估学生的学习成果后，要及时给予反馈。让学生尽快了解自己的学习情况，以便他们能够及时调整学习策略，提高学习效果。

③ 反馈机制

- 反馈的针对性：确保反馈内容具体、有针对性，能够帮助学生明确自己的问题和改进方向。避免模糊、笼统的反馈，让学生无从下手。
- 反馈的可理解性：以学生易于理解的方式提供反馈，避免使用过于专业或复杂的语言。可以结合图像、视频等多媒体手段，增强反馈的直观性和可理解性。
- 学生参与反馈：鼓励学生积极参与反馈过程，让他们对自己的学习进行反思和评价。教师可以引导学生分析自己的学习表现，提出改进建议，培养学生的自主学习能力。

本小节涵盖了元宇宙外语教学中多个重要方面，教学场景的构建、教学资源的开发、教学方法的创新和评估与反馈。对这些内容的了解和关注将直接影响元宇宙外语教学的成效，只有深入理解并切实解决其中所涉及的问题，才能充分发挥元宇宙技术在外语教学中的优势，让学生在沉浸式、个性化、互动性强的学习环境中高效提升外语能力，真正实现元宇宙外语教学的突破性发展。

第二节
元宇宙技术下的师生角色

在元宇宙外语教学中，教师和学生的角色都将发生显著变化，这体现了教育学理论在教学实践中的全新应用。在此，我们将一同剖析元宇宙中教师和学生所承担的全新角色。

1. 元宇宙技术下的教师角色

随着元宇宙技术逐步融入外语教学领域，传统的教学模式被不断重塑。在这个充满创新与变革的新环境中，教师的角色也发生了重大转变。主要包括以下几个方面：

① 学习引导者

在元宇宙的外语教学环境中，信息资源极为丰富，且获取渠道多样。教师不再是知识的唯一传授者，而是转变为学习的引导者（金莹，2023）。教师需要根据学生的个体差异和学习需求，为学生制定个性化的学习路径。

例如，对于语言基础较弱的学生，教师可以引导他们先从基础的语言知识学习开始，利用元宇宙中的虚拟语言实验室进行发音和语法的练习；对于学习能力较强且对特定外语文化感兴趣的学生，教师可以引导他们深入探索元宇宙中相关的外语文化场景，如参加虚拟的外语文化节活动等。通过这种方式，教师能帮助学生在海量的学习资源中找到最适合自己的学习内容和方法，提高学习效率。

② 教学活动组织者

元宇宙为外语教学提供了丰富的互动场景和工具。教师需要充分利用这些资源，组织各种形式的教学活动。

比如，组织学生在虚拟的外语交流社区中进行小组讨论和项目合作。在讨论过程中，学生们可以用外语交流观点、分享经验，提高语言的实际应用能力。教师还可以组织虚拟的外语演讲比赛、戏剧表演等活动，激发学生的学习兴趣和创造力。在这些活动中，教师负责制定活动规则、安排任务、协调学生之间的合作，并给予及时的反馈和评价，以确保教学活动的顺利进行和教学目标的实现。

③ 技术应用指导者

元宇宙技术对于许多教师和学生来说可能是相对陌生的领域。教师需要先熟悉元宇宙技术的应用方法，然后成为技术应用的指导者，帮助学生掌握在元宇宙环境中学习的技能。

例如，教师可以教授学生如何使用虚拟现实设备进行沉浸式的语言学习，如何在元宇宙的在线平台上与其他学生和教师进行互动交流，以及如何利用元宇宙中的智能学习工具进行自主学习等。教师还可以为学生提供技术支持，解决学生在使用元宇宙技术过程中遇到的问题，确保学生能够顺利地利用元宇宙技术进行外语学习。

④ 情感支持者

虽然元宇宙技术能为外语教学带来很多便利，但学生在学习过程中仍然可能会遇到各种困难和挫折，产生焦虑、沮丧等负面情绪。教师需要成为学生的情感支持者，关注学生的情感状态，给予他们鼓励和支持。

在元宇宙的教学环境中，教师可以通过虚拟的交流平台与学生进行一对一的沟通，了解学生的学习感受和需求，及时发现学生的问题并给予帮助。教师还可以组织一些团队建设活动，增强学生之间的情感联系和合作精神,营造积极向上的学习氛围。

⑤ 学习资源开发者

虽然元宇宙中的学习资源十分丰富,但不一定完全符合特定的教学需求。教师可以成为学习资源的开发者,根据教学目标和学生特点,创建个性化的学习资源(徐建等,2022)。

比如,教师可以设计虚拟的外语学习场景,如特定历史时期的外语国家场景、专业领域的外语交流场景等。教师还可以制作多媒体学习资料,如外语教学视频、互动课件等。通过开发学习资源,教师能够更好地满足学生的学习需求,提高教学效果。

总之,在元宇宙技术下,教师的角色更加多元化和复杂化。教师需要不断提升自己的专业素养和技术应用能力,适应新的教学环境和要求,为学生提供更好的外语教学服务。

2. 元宇宙技术下的学生角色

在元宇宙外语教学中,学生的角色也将发生显著变化,主要体现在以下几个方面:

① 自主学习者

元宇宙为外语学习带来了海量的资源和丰富多样的学习场景,这使得学生不再仅仅被动地依赖于教师在传统课堂上的讲授,而是转而成为自主学习者。他们拥有了更多的选择权和决定权,可以依据自身的学习进度、独特的兴趣爱好以及个性化的学习风格,自主地选择最适合自己的学习内容和最为有效的学习方式。

例如,学生可以随时进入虚拟语言实验室,反复进行自主发音练习,纠正自己的语音语调,同时利用丰富的语法练习资源,巩固和提升自己的语法水平。又或者，学生可以大胆地踏入虚拟外语文化场景，沉浸式地感受异国文化的魅力。他们可以深入了解不同国家的风俗习惯、传统艺术、文学作品等，极大地拓宽自己的视野，丰富自己的文化底蕴（Tseng et al.，2020）。

学生还可以充分利用元宇宙中的智能学习工具，如功能强大的语言学习软件、便捷的在线词典等。这些工具不仅能够为学生提供准确的语言解释和翻译，还能根据学生的学习情况进行个性化的学习推荐和评估。学生可以通过自主学习和自我评估，及时了解自己的学习进展和不足之处，有针对性地调整学习策略，从而提高学习效率。

② 互动参与者

在元宇宙外语教学环境中，学生不再是孤立无援的个体，而是积极活跃的互动参与者。他们可以通过便捷的虚拟交流社区，与来自天南海北、不同地区的同学进行无缝的互动交流。他们可以分享自己的学习经验和心得感悟，从他人的成功经验中汲取灵感，从他人的失败教训中总结反思。

在小组讨论和项目合作中，学生们更是可以充分发挥自己的语言能力和创造力，用外语交流观点、碰撞思维火花、共同解决问题。在这个过程中，他们不仅能够提高语言的实际应用能力，还能培养团队合作精神、沟通协调能力和问题解决能力。

学生还可以踊跃参加虚拟的外语演讲比赛、精彩的戏剧表演等丰富多彩的活动。在这些活动中，他们可以尽情地展示自己的风采和实力。通过参与这些活动，学生们能够增强自信心和表达能力，同时也能从他人的表现中学习到更多的语言技巧和经验。

③ 技术探索者

元宇宙技术对于学生来说无疑是一个充满新奇和挑战的全新领域，

他们需要勇敢地成为技术探索者，积极主动地探索和掌握元宇宙中的各种先进技术工具。

例如，学生可以充满好奇地学习如何使用虚拟现实设备，让自己完全沉浸在逼真的外语学习场景中，感受身临其境的学习体验。他们可以通过虚拟现实设备，与虚拟人物进行互动交流，提高自己的语言听说能力。

学生还需要学会如何在元宇宙的在线平台上与教师和同学进行高效的互动交流。他们可以利用在线平台的各种功能，如实时聊天、视频会议、文件共享等，与他人进行学习讨论、合作完成任务。学生还可以深入探索如何利用人工智能技术进行个性化学习。通过积极探索和掌握这些技术工具，学生可以更好地适应元宇宙外语教学环境，充分发挥元宇宙技术的优势，提高自己的学习效果。

④ 问题解决者

在元宇宙外语教学中，学生将不可避免地面临各种挑战和问题，这就要求他们必须成为合格的问题解决者，积极主动地思考和解决这些问题。

例如，在虚拟学习场景中，学生可能会遇到语言障碍，无法理解某些复杂的外语词汇或句子结构。此时，他们需要运用自己的语言知识和学习方法，通过查阅资料、请教他人等方式，努力克服语言障碍。又或者，学生可能会遇到技术故障，如虚拟现实设备出现故障、在线平台无法正常运行等。在这种情况下，他们需要冷静分析问题，尝试自己解决技术故障，或者及时向教师和技术人员寻求帮助。

学生还可以通过与教师和同学的合作，共同解决学习中遇到的问题（Dalinger et al.，2020）。通过共同解决问题，学生们不仅能够提高自己的问题解决能力和团队合作能力，还能培养坚韧不拔的毅力和勇于面对挑战的精神。

总之，在元宇宙外语教学中，学生的角色更加多元化和主动化。学生需要积极适应新的教学环境和要求，充分发挥自己的主观能动性，成为自主学习者、互动参与者、技术探索者和问题解决者，为自己的外语学习和未来发展奠定坚实的基础。

元宇宙能为外语学习提供一个全新的、多维的学习环境，有助于提升学习者的语言技能、文化理解和全球视野。而教师和学生的角色转变也将对教育产生极大的影响，教学过程中可注重“教师主导与学生主体”相结合的方式，以提升教学效果和学习体验(陈坚林、秦枫，2024)。

第三节
元宇宙技术下的支持与前景

实现元宇宙外语教学将会涉及诸多因素。在本小节中,我们将探讨元宇宙外语教学的支持要素以及未来前景,展现其在教育领域的丰富可能性。

1. 元宇宙外语教学的多维度推进

元宇宙外语教学并非一蹴而就,而是需要多维度的共同推进。学校的投资是坚实的基础,为元宇宙外语教学提供必要的硬件设备与软件资源,营造沉浸式的学习环境。教师素养则是关键的引领力量,只有具备高水准技术素养的教师,才能巧妙地运用元宇宙技术,设计出精彩的外语课程,激发学生的学习兴趣。而学生技术能力的培养同样举足轻重,它不仅能让学生更好地适应新兴的学习环境、提升外语学习效果,更能为他们在数字化时代的未来发展奠定坚实基础。

接下来,让我们深入探讨元宇宙外语教学在学校投资、教师素养与学生技术能力培养这三个重要维度上的具体推进策略。

1) 学校投资与技术准备

推行元宇宙环境下的外语教学,学校需要进行以下投资和技术准备:

① 硬件设备投资

- 购置虚拟现实头盔、交互设备等,为学生提供沉浸式的外语学习体验。这些设备能够让学生仿佛置身于真实的外语场景中,与虚拟角色进行互动交流,极大地提高学生的学习兴趣和参与度。

- 配备高性能的计算机和服务器,以支持元宇宙教学软件的运行。元宇宙教学需要大量的计算资源和图形处理能力,因此学校需要确保计算机和服务器的性能能够满足教学需求。

② **软件平台建设**

- 引入合适的外语教学管理系统,提高外语教学管理的效率和教学实践的质量。该系统可以实现课程安排、学生管理、作业布置、成绩评定等功能,为教师和学生提供便捷的教学管理服务。
- 搭建虚拟外语实验室等软件平台,为学生提供丰富的外语学习资源和实践机会。虚拟外语实验室可以模拟真实的外语实验场景,如语音实验室、翻译实验室等,让学生在虚拟环境中进行语言实践和技能训练。

③ **教学资源开发**

- 投资开发虚拟外语教材、教学课件等教学内容,丰富外语教学资源的种类和形式。虚拟外语教材可以结合虚拟现实、增强现实等技术,为学生提供更加生动、直观的学习体验。教学课件可以利用多媒体技术,整合文字、图片、音频、视频等多种教学资源,提高教学效果。
- 与企业和社会组织合作,共同开发元宇宙外语教学资源。学校可以充分发挥企业和社会组织的技术优势和资源优势,合作开发高质量的元宇宙外语教学资源,为外语教育教学提供更强大的支持。

④ **网络基础设施建设**

- 升级学校的网络带宽和稳定性,确保元宇宙教学的流畅进行。元宇宙教学需要大量的数据传输和实时交互,因此学校需要确保网络带宽能够满足教学需求,同时保证网络的稳定性,避免出现卡顿、掉线等问题。
- 建立无线网络覆盖全校,方便学生随时随地进行元宇宙外语学习。无线网络可以让学生在校园内的任何地方都能够接入元宇宙教学平台,进行学习和交流，提高学习的便捷性和灵活性。

⑤ 提供技术支持与维护

- 组建专业的技术团队，为元宇宙外语教学提供技术支持和维护服务。技术团队可以负责设备的安装、调试、维护和升级，以及软件平台的运行管理和故障排除，确保元宇宙教学的顺利进行。
- 对教师和学生进行技术培训，提高他们的技术应用能力和问题解决能力。技术培训可以包括设备操作、软件应用、故障排除等方面的内容，让教师和学生能够熟练掌握元宇宙技术，更好地进行外语学习和教学。

综上所述，元宇宙环境下的外语教学对学校提出了多方面的要求。从硬件设备的购置到软件平台的建设，从教学资源的开发到网络基础设施的完善，再到专业技术团队的组建和对师生的技术培训，每一个环节都不可或缺。学校只有在这些方面进行充分的投资和精心的技术准备，才能真正开启元宇宙外语教学的新篇章，为学生提供更优质的外语学习体验，培养出具有全球视野和创新能力的外语人才，以适应不断发展变化的教育形势和社会需求。

2）教师技术素养的提升

在元宇宙外语教学中，教师的技术素养对整体教学效果至关重要。元宇宙技术的引入带来了新的教学模式和互动方式，但同时也要求教师具备相应的技术能力，以确保教学过程的顺利开展。提升教师的技术素养不仅能够保证元宇宙环境的流畅运行，还能提高教学质量和学生的学习体验。元宇宙环境下，外语教师的技术素养包含以下几个方面的内容：

① 技术认知能力

- 了解元宇宙的基本概念和发展趋势。外语教师需要明白元宇宙是什么，它在外语教学领域的潜在应用价值以及未来的发展方向，以便更好地规划教学活动和引导学生。

- 熟悉元宇宙相关技术在外语教学中的应用场景。包括VR、AR、AI等技术如何营造沉浸式的外语学习环境、创设真实的交流场景以及提供个性化的学习体验等。

② 技术操作能力

- 熟练掌握元宇宙教学设备的使用方法。如虚拟现实头盔、交互设备等硬件的安装、调试和操作，确保能够在课堂上顺利开展元宇宙外语教学活动。
- 精通元宇宙教学软件的应用。能够运用外语教学管理系统进行课程安排、学生管理和教学资源分配；熟练使用虚拟外语实验室等软件进行教学实践，如设计教学场景、布置学习任务等。

③ 教学设计能力

- 基于元宇宙技术设计创新的外语教学方案。教师要能够根据外语学科的特点和学生的需求，设计出富有吸引力和实效性的教学内容，如通过重现外语国家历史文化场景来加深学生对语言的理解和运用。
- 整合元宇宙技术与传统教学方法。教师需要将元宇宙技术与传统的课堂讲授、小组讨论、作业练习等教学方法有机结合，发挥各自的优势，提高教学质量。

④ 问题解决能力

- 能够处理元宇宙教学中出现的技术问题。当遇到设备故障、软件卡顿、网络连接问题等情况时，教师要有能力快速诊断问题并采取有效的解决措施，确保教学活动的顺利进行。
- 应对学生在元宇宙学习中遇到的困难。教师要及时发现学生在技术操作、学习方法等方面的问题，并给予针对性的指导和帮助，促进学生的学习进程。

⑤ **持续学习能力**

- 紧跟元宇宙技术的发展步伐。外语教师需要不断学习新的元宇宙技术和应用，了解行业的最新动态，以便及时将最新的技术成果引入到教学中。
- 积极参与元宇宙教学培训和研讨活动。通过参加培训和研讨，与同行交流经验，分享教学案例，共同探索元宇宙外语教学的最佳实践，不断提升自己的技术素养和教学水平。

那么该如何提升教师的技术素养呢？我们总结了以下途径：

① **专业培训**

- 组织系统的元宇宙技术培训课程。邀请专业的技术人员和教育专家，为外语教师讲解元宇宙的基本概念、技术原理、在外语教学中的应用方法等。培训内容应涵盖虚拟现实、增强现实、人工智能等相关技术，以及外语教学管理系统、虚拟外语实验室等软件平台的操作使用。
- 开展实践操作培训。为教师提供充足的实际操作机会，让他们亲身体验元宇宙教学设备和软件的使用方法，熟悉各种技术工具在外语教学中的应用场景。例如，组织教师在虚拟现实环境中进行外语教学模拟，让他们感受元宇宙教学的独特魅力和实际效果。

② **教学研讨**

- 定期举办元宇宙外语教学研讨会。教师们可以在研讨会上分享自己在元宇宙教学中的经验和困惑，共同探讨解决问题的方法。通过交流和讨论，教师们可以互相学习、启发，拓宽教学思路，提高技术应用能力。
- 建立教学案例分享平台。教师们可以将自己成功的元宇宙外语教学案例上传到平台上，供其他教师参考和学习。同时，平台也可以为教师们提供一个交流互动的空间，促进教学经验的共享和传播。

③ 自我学习

- 鼓励教师自主学习元宇宙技术。教师可以通过阅读专业书籍、学术论文、技术博客等方式，了解元宇宙技术的最新发展动态和应用案例。同时，教师也可以利用在线学习资源，如视频教程、网络课程等，提升自己的技术素养。
- 参与在线社区和论坛。教师可以加入元宇宙教育相关的在线社区和论坛，与国内外的同行进行交流和互动。在社区和论坛中，教师可以提出问题、分享经验、获取最新的技术信息和教学资源，不断丰富自己的知识储备。

④ 合作交流

- 加强与企业和科研机构的合作。学校可以与元宇宙技术企业和科研机构建立合作关系，邀请他们为教师提供技术支持和培训服务。同时，教师也可以参与企业和科研机构的项目合作，深入了解元宇宙技术的研发和应用过程，提高自己的技术水平。
- 开展校际合作与交流。学校之间可以组织教师进行交流互访，分享元宇宙外语教学的经验和成果。通过校际合作，教师们可以学习到不同学校的教学方法和技术应用策略，拓宽教学视野，提升技术素养。

⑤ 教学反思

- 鼓励教师进行教学反思。教师在元宇宙教学过程中，教师应不断反思自己的教学行为和技术应用效果，总结经验教训，发现问题并及时改进。教学反思可以帮助教师提高教学质量，同时也有助于提升教师的技术素养。
- 建立教学反馈机制。学校可以通过问卷调查、学生评价、教师互评等方式，收集教师在元宇宙教学中的反馈意见。根据反馈意见，学校可以及时调整培训内容和教学支持策略，为教师提供更好的教学环境和技术支持，促进教师技术素养的提升。

3）学生的技术能力培养

元宇宙时代，学生也需要具备一定的技术能力，以有效地利用相关技术进行学习资源的搜集、整合、吸收和再创造。元宇宙外语教学中，学生技术能力培养包含以下几个方面的内容：

① 设备操作能力

学生需要掌握元宇宙外语教学中所涉及的各种硬件设备的操作方法。比如虚拟现实头盔的正确佩戴、调整和使用，能够熟练运用交互设备如手柄、触摸板等与虚拟环境进行互动。了解如何通过这些设备实现视角切换、对象选择、动作执行等操作，确保在元宇宙学习环境中能够自如地进行探索和学习。

② 软件应用能力

- 学生需熟悉外语教学管理系统。学生要学会使用教学管理系统来完成课程选择、学习进度跟踪、作业提交和成绩查询等操作。掌握如何利用系统中的资源库查找学习资料，如虚拟外语教材、教学课件等，以提高学习效率。
- 熟练运用虚拟外语实验室软件。能够在虚拟实验室中进行各种语言实验，如语音模仿、对话练习、听力测试等。了解软件中的功能模块，如语音识别、语法分析、翻译工具等，充分发挥其在语言学习中的辅助作用。

③ 虚拟场景适应能力

- 学生需具有快速适应元宇宙中的虚拟外语学习场景的能力。要能够在不同的虚拟场景中保持专注和学习动力，如虚拟的外语课堂、外语交流社区、文化体验场景等。学会在这些场景中与虚拟角色进行互动，参与各种学习活动。

- 培养在虚拟场景中的空间认知和导航能力。学生要能够在复杂的虚拟环境中准确找到自己需要的学习资源和活动区域，避免迷失方向。例如，在虚拟的外语国家历史文化场景中，学生要能够自主探索各个景点，获取语言和文化知识。

④ 问题解决能力

- 在元宇宙外语学习过程中遇到技术问题时，学生需要具备一定的问题诊断和解决能力。比如，当虚拟现实设备出现连接问题、软件卡顿或功能异常时，能够尝试通过重启设备、检查网络连接、更新软件等方法自行解决问题。
- 学会在技术故障影响学习进度时，采取有效的应对措施。例如，及时向教师或技术支持人员求助，同时利用其他学习资源或方法继续进行外语学习，确保学习的连续性。

那么该如何提升学生的技术能力呢？我们总结了以下途径：

① 课程引导

- 在元宇宙外语课程中专门设置技术学习模块。例如，讲解元宇宙技术在外语学习场景中的基本原理，包括虚拟现实、增强现实等技术如何营造逼真的外语学习环境，让学生了解这些技术的运作方式，为后续的应用打下理论基础。
- 安排实践课程，指导学生掌握元宇宙学习工具的使用方法。如教授学生如何使用虚拟现实头盔进行沉浸式外语学习体验，如何操作交互设备与虚拟场景进行互动，以及熟悉外语教学管理系统和虚拟外语实验室等软件平台的功能和操作流程。

② 教师示范与指导

- 外语教师在课堂上亲自示范元宇宙技术的应用。例如，教师利用元宇宙技术创设外语交流场景，展示如何与虚拟角色进行对话，引导学生模仿和参与。通过教师的示范，学生可以更直观地了解技术的应用方式和效果。

- 教师为学生提供一对一的技术指导。在学生实践过程中，教师及时发现学生在技术操作上的问题并给予针对性的指导，帮助学生克服技术难题，提高技术应用能力。

③ 合作学习与交流

- 组织学生进行小组合作学习。学生们在小组中共同探索元宇宙外语学习平台的功能，分享技术使用心得和技巧。通过合作学习，学生可以从同伴那里学到不同的技术应用方法，拓宽技术视野。
- 举办技术交流活动。例如开展元宇宙外语学习技术分享会，让学生有机会展示自己在技术应用方面的成果和经验，互相学习和启发。

④ 课外拓展

- 推荐相关的在线学习资源和技术教程。鼓励学生在课外自主学习元宇宙技术，提升技术能力。例如，推荐一些优质的元宇宙技术学习网站、视频教程等，让学生可以根据自己的需求和进度进行学习。
- 组织课外技术实践活动。如举办元宇宙外语学习挑战赛，要求学生运用所学技术完成特定的外语学习任务，激发学生的学习兴趣和技术应用能力。

通过以上手段的使用，学生能够更好地适应元宇宙环境，熟练掌握各种技术工具，在虚拟的外语学习世界中如鱼得水。他们能够积极参与到丰富多样的学习活动中，与虚拟角色互动交流，感受逼真的语言场景，从而极大地提升外语学习的兴趣和动力。

2. 元宇宙技术在外语教学中的前景

1）数字人文方法与外语学习：数据驱动的语言分析与学习

在元宇宙的大背景下，数字人文方法为外语学习开辟了崭新的天地。这一创新融合犹如一把钥匙，正缓缓开启外语学习新境界的大门，为学习者带来诸多前所未有的机遇和璀璨前景。

① 精准的语言分析

大数据的广泛采集与深入分析，能够对外语的各种文本、语音等海量数据进行全方位挖掘。通过对大量外语文献、新闻报道、文学作品、影视作品台词等的分析，可以清晰地呈现出特定语言的语法结构特点。比如，准确归纳出不同词性的词汇在句子中的常见位置和搭配方式，让学习者对语法规则有更直观的认识。同时，还能统计出词汇的使用频率，帮助学习者确定重点词汇，明确学习的优先级。此外，分析语言表达习惯，包括常用的固定短语、口语化表达、特定场景下的用语等，使学习者能够更加自然地融入外语语境，说出地道的外语。

例如，对于学习英语的人来说，通过分析大量经典英语电影的台词，可以总结出日常交流中常用的口语表达，以及在不同场景下的回应方式。对于学习法语的人，分析法语文学作品可以了解到法语中优美的表达方式和独特的语法结构，如形容词后置、代词提前等。这种精准的语言分析能为外语学习者提供宝贵的学习参考，让他们能够有的放矢地进行学习。

② 个性化学习资源推荐

基于数据驱动的分析结果，元宇宙平台能够为学习者精心打造个性化的学习资源。首先，根据学习者的语言水平，推荐难度适中的教材、课程和练习题。对于初学者，推荐基础的语法讲解和简单的日常用语课程；对于中高级学习者，推荐更具挑战性的文学作品赏析、专业领域的外语课程等。其次,考虑学习者的兴趣爱好,推荐与之相关的外语学习资源。如果学习者喜欢音乐,就推荐外语歌曲和音乐相关的外语文章;如果学习者热爱旅游,就推荐各国旅游景点的外语介绍和旅游常用外语表达。最后,结合学习者的学习目标,如考试、出国交流、商务谈判等,提供针对性的学习资源。

同时,元宇宙平台还能根据学习者的学习进度和表现,动态调整推荐内容。当学习者在某个语法点上反复出错时,系统会自动推送更多关于该语法点的讲解和练习题;当学习者在某个领域的词汇掌握较好时,系统会减少该领域词汇的推荐,转而推荐其他薄弱领域的学习资源。这样的个性化学习资源推荐,能够确保学习者始终获得最适合自己的学习内容,提高学习效率。

③ 智能语言辅导

借助人工智能技术,元宇宙中可以实现高度智能的语言辅导。学习者在学习过程中,可以随时与虚拟语言导师进行互动。虚拟导师能够对学习者的发音进行精准纠正,通过对比标准发音和学习者的发音,指出发音不准确的地方,并提供正确的发音示范和练习方法。在语法讲解方面,虚拟导师可以根据学习者的问题,深入浅出地解释各种语法规则,结合具体的例句帮助学习者理解。对于词汇拓展,虚拟导师可以根据学习者的学习进度和需求,推荐相关的同义词、反义词、派生词等,丰富学习者的词汇量。

此外,虚拟导师还可以根据学习者的学习情况提供个性化的学习建议和练习方案。如果学习者在听力方面较弱,虚拟导师会推荐更多的听力练习资源,如外语广播、电影片段等,并提供听力技巧和方法的指导。如果学习者在写作方面存在问题,虚拟导师会分析学习者的作文,指出语法错误、词汇使用不当等问题,并给出改进建议和优秀范文供学习者参考。这种智能语言辅导能够满足学习者的个性化需求,为他们提供全方位的学习支持。

④ **语言学习社区的构建**

元宇宙中的数字人文方法有助于构建活跃的语言学习社区。在这个社区中，学习者可以与来自不同地区、不同背景的其他学习者交流学习经验。他们可以分享自己在学习外语过程中的心得、方法和技巧，互相启发和借鉴。同时，学习者还可以在社区中分享学习资源，如优质的外语教材、学习软件、学习网站等，实现资源共享。

语言学习社区还能为学习者提供进行语言实践的平台。学习者可以通过在线交流、角色扮演、小组讨论等方式，运用所学的外语进行实际交流。在这个过程中，他们可以锻炼自己的口语表达能力、听力理解能力和沟通能力。社区中的其他学习者和虚拟导师可以对学习者的语言实践进行评价和反馈，帮助他们不断改进和提高。通过语言学习社区的互动和合作，学习者能够获得更多的学习动力和支持。他们不再是孤立的学习者，而是学习共同体的一员，他们共同进步，共同提高外语水平。

总之，在元宇宙技术的有力推动下，数字人文方法与外语学习的紧密结合将为外语学习者带来更加精准、个性化和高效的学习体验，为外语教育的发展注入新的活力。

2）跨国教育合作：元宇宙技术促进全球范围内的语言学习交流

元宇宙技术为跨国教育合作带来了全新的契机，能极大地促进全球范围内的语言学习交流，开启外语教育的新篇章。

① **打破时空限制**

元宇宙以其强大的技术优势，成功打破了传统教育的时空限制，让来自不同国家和地区的学生能够在虚拟空间中轻松相聚。无论地理距离有多遥远，时间差异有多大，学生们都可以实时参与外语课程、讨论小组和语言实践活动。

例如，身处亚洲的学生可以在清晨与欧洲的学生一起进行外语对话练习，分享各自的生活趣事和学习心得；而在夜晚，又能与美洲的学生共同探讨外语文学作品，交流对不同文化的理解。这种跨越时空的交流模式，不仅为学生们提供了极大的便利，更拓宽了他们的视野，让他们在真实的语言环境中不断提高外语水平。

在元宇宙的虚拟课堂中，学生们可以随时与世界各地的同学互动，这不仅有助于提高学生的语言表达能力，还能培养他们的团队合作精神和跨文化交际能力。同时，教师也可以通过元宇宙平台，对学生进行实时指导和反馈，确保学生的学习效果。

② 丰富的文化体验

通过元宇宙技术，学生可以沉浸式地体验不同国家的文化，仿佛置身于异国他乡。他们可以参观虚拟的博物馆、艺术展览、历史遗迹等，了解各国的文化传统、风俗习惯和价值观念。这种文化体验有助于学生更好地理解外语背后的文化内涵，提高语言的运用能力和跨文化交际能力。

例如，学生在学习法语时，可以通过元宇宙参观法国的卢浮宫，欣赏世界著名的艺术珍品，感受法国的浪漫文化；还可以漫步在巴黎的街头，品尝法国美食，体验法国人的生活方式。在学习日语时，可以进入虚拟的京都，参观古老的寺庙和神社，感受日本的传统文化；还可以参加日本的茶道仪式，了解日本的礼仪和美学观念。

元宇宙中的文化体验不仅能丰富学生的学习内容，还能激发他们的学习兴趣和动力。学生们在体验不同文化的过程中，会更加主动地学习外语，提高自己的语言水平。

③ 多元化的教学资源共享

元宇宙能促进全球范围内教学资源的共享，为外语教育带来前所未有的机遇。各国的教师可以在元宇宙平台上分享优质的外语教学课程、教材、教学方法等。学生们可以根据自己的需求选择适合自己的学习资源，享受来自全球的教育资源盛宴。

例如，中国的学生可以学习来自美国的英语演讲课程，提高自己的口语表达能力；也可以参考日本的英语教材，了解不同国家的英语教学方法。同时，教师们也可以通过交流合作，共同探讨外语教学的创新方法，提高教学质量。

元宇宙中的教学资源共享不仅有助于提高学生的学习效果，还能促进各国教育的共同发展。通过分享和交流，教师们可以借鉴其他国家的先进教学经验，改进自己的教学方法，为学生提供更好的教育服务。

④ 促进国际教育合作项目

元宇宙技术能为国际教育合作项目提供便利，推动全球范围内的教育交流与合作。学校和教育机构可以在元宇宙中开展跨国合作项目，如联合培养、交换生项目、国际学术研讨会等。学生们可以通过参与这些项目，获得更广阔的发展空间和更多的学习机会。

例如，不同国家的学校可以共同举办元宇宙中的外语竞赛，让学生们在竞争中提高自己的语言水平；也可以组织文化节等活动，展示各国的文化特色，增强学生的文化认同感和跨文化交际能力。此外，国际学术研讨会可以在元宇宙中进行，各国的学者和专家可以分享最新的研究成果，共同推动外语教育的发展。

元宇宙中的国际教育合作项目不仅有助于培养具有国际视野和跨文化交际能力的人才，还能促进各国之间的友好交流与合作。通过这些项目，学生们可以结交来自不同国家的朋友，增进相互之间的了解和友谊。

总之，元宇宙技术在跨国教育合作方面具有巨大的潜力，将为全球范围内的语言学习交流带来新的活力和机遇。它能打破时空限制，丰富文化体验，促进教学资源共享，推动国际教育合作项目的开展，为外语教育的发展开辟广阔的前景。

3）评估模式创新：元宇宙助力外语教学科学评估

元宇宙的兴起为外语教学评估带来了新的契机。在这一背景下，评估模式的创新至关重要，而元宇宙恰能助力外语教学实现科学评估。

① 提供多元化评估方式

元宇宙技术可以为教学评估提供更加多元化的方式。除了传统的考试、作业等评估方式外，还可以通过学生在元宇宙中的学习行为、互动情况、项目完成情况等方面进行评估。

比如，教师可以通过元宇宙平台，观察学生在虚拟学习场景中的参与度和表现，评估学生的学习态度和合作能力；通过学生在在线语言实验室中的训练记录，评估学生的语言技能水平。

② 建立实时反馈机制

利用元宇宙的实时交互功能，建立实时反馈机制。学生可以在学习过程中随时得到教师和系统的反馈，了解自己的学习情况和进步情况，及时调整学习策略。

例如，在口语训练中，学生可以通过语音识别技术，得到自己发音的实时反馈，并根据反馈进行改进；在写作训练中，学生可以通过在线批改系统，得到教师的及时批改和建议。

③ 数据驱动的评估分析

元宇宙技术可以收集大量的学生学习数据，通过数据分析，教师可以更加全面地了解学生的学习情况和需求，为教学决策提供依据。

比如，教师可以通过分析学生在虚拟学习场景中的行为数据，了解学生的学习兴趣和偏好，为教学内容和教学方法的调整提供参考；通过分析学生的考试成绩和作业完成情况数据，了解学生的知识掌握程度和薄弱环节，为个性化教学提供支持。

在元宇宙的助力下，外语教学的评估模式将迎来一场创新变革。多元化的评估方式让学生的语言能力得到更全面的考量，不再局限于传统的单一测试形式；实时反馈机制能为学生的学习之旅随时校准方向；而数据驱动的评估分析则如同强大的智慧引擎，为教师提供精准的教学依据，使教学更加有的放矢。

本章节深入探讨了元宇宙技术与外语教学的几个重要方面。我们见证了元宇宙如何为外语教学带来全新的实践方式，从沉浸式的学习场景到个性化的教学资源，极大地丰富了外语学习的体验；我们重新审视了教师与学生在新的技术环境下的角色。教师不再仅仅是知识的传授者，更是学习的引导者和技术的应用者；学生也从被动的接受者转变为积极的探索者和创造者；我们也展现了元宇宙在外语教学中的所需的支持及广阔的前景，从学校的投资到教师和学生素养的提升，从数据驱动的学习到跨过教育合作，再到创新的评估模式，我们看到了元宇宙外语教学在实施路上所需的付出，也看到了外语教学的未来发展方向。

然而，元宇宙技术在外语教学中的应用仍处于起步阶段，还有许多问题需要我们去解决和探索。但我们有理由相信，随着技术的不断进步和教育理念的不断更新，元宇宙技术必将为外语教学带来更加深刻的变革，培养出更多具有国际视野和跨文化交流能力的优秀人才。

第六章

问题与突破、规划与实施

元宇宙技术为外语教学带来了前所未有的机遇与变革。它与外语教学的结合，开创了全新的教学模式，从教学场景搭建到教学资源开发，从教学方法创新到教学评估与反馈，以及对师生角色的重新定义和对未来前景的展望，都让我们看到了外语教学的无限可能。

然而，任何新事物的出现与发展都并非一帆风顺。当我们积极探索元宇宙外语教学的同时，也必须清醒地认识到实施元宇宙外语教学可能带来的各个方面问题。这些问题涉及技术、教学、心理和安全等多个层面，若不加以重视和妥善解决，可能会阻碍元宇宙外语教学的顺利推进，甚至对学生的学习和成长产生负面影响。

因此，深入剖析实施元宇宙外语教学可能带来的问题，并积极寻求有效的应对策略，具有重要的现实意义。本章节将围绕上述这些问题展开深入探讨，以期为元宇宙外语教学的健康发展提供有益的参考。同时，我们还将着眼于未来，对元宇宙外语教学的实施步骤从短期、中期和长期分阶段进行探讨，以便有计划、有步骤地推动元宇宙外语教学的发展，使其真正成为提升外语教学质量、满足学生个性化学习需求、引领教育数字化转型的有力工具。

第一节
问题与突破

1. 技术层面的问题

在技术层面上,实施元宇宙外语教学可能面临以下问题:

1) 硬件设备要求高与成本问题

① 高要求带来的成本压力

元宇宙外语教学通常需要高性能的VR、AR设备以及强大的计算设备和高速稳定的网络连接。这些硬件设备的技术要求较高,其价格也较为昂贵。对于学校、教育机构以及学生家庭来说,购置这些设备可能会带来较大的经济压力。

例如,一套高质量的VR头盔可能需要数千元甚至更高的价格,而要满足一个班级的外语教学需求,所需设备的总成本可能会非常高。这对于一些资源有限的地区或学校来说,可能难以承受。

此外,随着技术的不断发展,硬件设备的更新换代速度较快,这也意味着学校和教育机构需要不断投入资金进行设备升级,进一步增加了成本负担。

② 可能的解决方案

- 设备租赁:学校和教育机构可以考虑与设备供应商合作,采用设备租赁的方式来降低成本。通过租赁设备,可以在满足教学需求的同时,避免一次性投入大量资金购买设备。而且,设备供应商通常会负责设备的维护和更新，这将在很大程度上减轻学校的管理负担。

- 合作共建：学校可以与企业、科研机构等合作，共同建设元宇宙外语教学实验室或教学中心。通过合作共建，可以充分利用各方的资源和优势，降低设备采购和建设成本。同时，合作方还可以提供技术支持和培训，提高教学质量和效果。
- 政府支持：政府可以加大对教育信息化的投入，为学校提供元宇宙外语教学设备的购置补贴或专项资金支持。这将有助于缓解学校的资金压力，促进元宇宙外语教学的普及和发展。

2）软件兼容性与稳定性问题

① 不同元宇宙平台和软件之间的兼容性挑战

目前，元宇宙技术仍处于发展阶段，市场上存在着多种不同的元宇宙平台和软件。这些平台和软件之间的兼容性往往存在问题，可能导致教学资源无法在不同平台之间共享，教师和学生需要在多个平台之间切换，增加了操作的复杂性和学习成本。

例如，一些教学资源可能只能在特定的元宇宙平台上运行，而无法在其他平台上使用。这就限制了教学资源的选择范围，影响了教学的灵活性和多样性。

此外，不同平台和软件的用户界面和操作方式也可能存在差异，教师和学生需要花费时间和精力去适应不同的平台和软件，降低了教学效率。

② 提高软件稳定性的策略

软件稳定性是元宇宙外语教学顺利进行的重要保障。如果软件经常出现崩溃、卡顿、延迟等问题，会严重影响教学的质量和效果。特别是在进行实时互动教学时，软件的稳定性尤为重要。

为了提高软件的稳定性，可以采取以下措施：

- 选择成熟可靠的元宇宙平台和软件：在选择元宇宙教学平台和软件时，

要充分考虑其稳定性和可靠性。可以参考其他学校或教育机构的使用经验,选择经过市场验证的成熟产品。

- 加强软件测试和优化:软件开发商应加强对元宇宙教学软件的测试和优化,及时修复漏洞和问题,提高软件的稳定性和性能。
- 提供技术支持和培训:软件开发商和供应商应提供及时有效的技术支持和培训,帮助教师和学生解决在使用过程中遇到的问题,提高软件的使用效率和稳定性。

2. 教学层面的问题

在教学层面,元宇宙外语教学面临着一些不容忽视的问题:

1)教学方法适应难题

① 传统教学方法在元宇宙环境下的不适应性

传统的外语教学通常以课堂讲授、书本学习和有限的互动练习为主。然而,在元宇宙环境中,这种教学方式显得过于单一和局限。元宇宙提供了沉浸式的虚拟场景,学生可以在其中与虚拟角色进行互动交流,传统的以教师为中心的讲授模式难以充分发挥元宇宙的优势。同时,传统的教学方法可能无法满足数字化时代学生多样化的学习需求,例如自主探索、协作学习等。

② 新的教学方法探索方向和建议

为了适应元宇宙环境,外语教学可以探索沉浸式教学方法。教师可以设计各种虚拟场景,如外语国家的文化景点、商务谈判场景等,让学生在其中进行语言学习和实践。此外,协作学习也可以在元宇宙中得到更好的发挥。学生可以组成小组,在虚拟世界中共同完成任务,提高语言交流和合作能力。还可以利用元宇宙中的AI技术,为学生提供个性化的学习建议和辅导。

2）学生自主学习能力差异

① 参差不齐的自主学习能力对外语教学的影响

在元宇宙外语教学中，学生的自主学习能力变得尤为重要。自主学习能力强的学生可以充分利用元宇宙的资源进行学习，提高学习效果。然而，对于自主学习能力较弱的学生来说，可能会在元宇宙中迷失方向，无法有效地进行学习。这种差异可能会导致学生之间的学习进度和成绩差距进一步扩大。

② 培养和提升学生自主学习能力的方法

教师可以在元宇宙教学中加强对学生自主学习能力的培养。例如，提供明确的学习目标和任务，引导学生制定个人学习计划。同时，教师可以通过在线辅导和反馈，帮助学生解决学习中遇到的问题。此外，还可以组织学生进行学习交流和分享活动，激发学生的学习动力和积极性。学校也可以开设相关的培训课程，提高学生的信息素养和自主学习能力。

3. 心理层面的问题

在心理层面，元宇宙外语教学可能带来以下问题：

1）虚拟与现实的平衡问题

① 学生可能出现虚拟与现实失衡的现象

- 在元宇宙中，学生可以沉浸在高度逼真的虚拟场景中进行外语学习，这可能会让他们过度投入虚拟世界，而忽略现实生活。例如，学生可能会花费大量时间在元宇宙中与虚拟角色交流互动，而减少了与现实中的人进行面对面交流的机会，导致社交能力的发展受到影响。

- 由于元宇宙中的体验往往比现实更加刺激和有趣，学生可能会对现实世界产生厌倦感，降低对现实生活中学习和活动的积极性。比如，现实中的外语学习可能会显得枯燥乏味，相比之下，元宇宙中的外语学习场景更加丰富多彩，这可能会使学生对现实中的外语学习产生抵触情绪。
- 长期沉浸在元宇宙中，学生可能会对虚拟世界中的自己和现实中的自己产生认知偏差。在元宇宙中，学生可以通过虚拟形象来展示自己，这种虚拟形象可能与现实中的自己有很大的不同。如果学生过度依赖虚拟形象，可能会影响他们对自我的认知和价值观的形成。

② 引导学生正确看待虚拟与现实的措施

- 教师在元宇宙外语教学中，应适时引导学生认识到元宇宙只是一种学习工具，不能替代现实生活。可以通过课堂讨论、案例分析等方式，让学生明白虚拟世界和现实世界的区别和联系，以及如何在两者之间找到平衡。
- 鼓励学生在现实生活中积极参与外语交流活动，如外语角、国际文化交流活动等，提高他们在现实中的外语应用能力和社交能力。同时，也可以将元宇宙中的学习成果应用到现实生活中，增强学生的学习成就感。
- 家长和学校应共同关注学生的心理健康，及时发现学生在使用元宇宙过程中出现的心理问题，并给予适当的心理辅导。例如，家长可以与孩子进行沟通，了解他们在元宇宙中的学习和生活情况，引导他们正确看待虚拟世界和现实世界。

2）技术依赖与焦虑问题

① 学生对元宇宙技术的依赖和可能产生的焦虑

- 随着元宇宙外语教学的开展，学生可能会对元宇宙技术产生过度依赖。一方面，他们可能会依赖元宇宙中的虚拟场景和互动方式来进行学习，一旦离开元宇宙，就会感到学习困难。另一方面，学生可能会依赖元宇宙中的技术设备，如虚拟现实头盔、手柄等，如果设备出现故障或无法使用，就会影响他们的学习进度和心情。

- 技术依赖可能会导致学生产生焦虑情绪。例如，如果学生在元宇宙中遇到技术问题无法解决，或者担心自己无法掌握元宇宙技术，就会产生焦虑和压力。此外，长期使用元宇宙技术也可能会对学生的身体健康产生影响，如眼睛疲劳、头晕等，这也会加重学生的焦虑情绪。

② 提供心理疏导和技术合理使用的建议

- 教师和家长应关注学生的技术使用情况，及时发现学生对元宇宙技术的过度依赖，并给予适当的引导。可以通过设定使用时间限制、鼓励学生多参与现实活动等方式，帮助学生减少对技术的依赖。
- 学校可以开设心理辅导课程，帮助学生缓解技术焦虑。心理辅导教师可以通过团体辅导、个别咨询等方式，让学生了解焦虑情绪的产生原因和应对方法，提高他们的心理调适能力。
- 技术开发者也应不断优化元宇宙技术，提高其稳定性和易用性，减少技术问题对学生学习的影响。同时，也可以在元宇宙中设置一些提醒功能，如使用时间提醒、休息提醒等，帮助学生合理使用技术，保护身体健康。

4. 安全层面的问题

在安全层面，元宇宙外语教学可能面临以下问题：

1）个人信息安全隐患

① 元宇宙外语教学中个人信息面临的风险

- 元宇宙通常需要大量的个人信息来创建个性化的学习体验和虚拟身份。这些信息包括姓名、年龄、性别、学习偏好、位置信息等。如果这些信息被不法分子获取,可能会导致个人隐私泄露,给学生带来诸多风险,如身份盗窃、骚扰等。

- 在元宇宙中,学生可能会与其他用户进行互动,这也增加了个人信息被泄露的风险。例如,在虚拟社交场景中,学生可能会不经意间透露自己的个人信息,而这些信息可能被其他用户恶意收集和利用。
- 元宇宙平台的安全性也是一个问题。如果平台的安全防护措施不到位,可能会被黑客攻击,导致学生的个人信息被窃取。此外,平台可能会出于商业目的将学生的个人信息出售给第三方,从而侵犯学生的隐私权。

② 加强个人信息保护的方法和策略

- 学生自身要提高个人信息保护意识。在元宇宙中,要谨慎透露个人信息,避免在不可信的平台或与陌生人分享过多的个人信息。同时,要注意保护自己的账号和密码,定期更换密码,避免使用简单易猜的密码。
- 元宇宙平台应加强安全防护措施,采用先进的加密技术和安全认证机制,确保学生的个人信息安全。平台还应建立严格的隐私政策,明确规定个人信息的收集、使用和保护方式,并接受监管部门的监督。
- 政府和监管部门应加强对元宇宙平台的监管,制定相关的法律法规,规范元宇宙平台的运营行为,保护学生的个人信息安全。同时,要加大对侵犯个人信息行为的打击力度,提高违法成本。

2) 身体安全问题

① 长时间使用元宇宙设备可能带来的身体伤害

- 长时间使用虚拟现实设备可能会对学生的眼睛造成伤害。虚拟现实设备通常需要学生近距离观看屏幕,这会导致眼睛疲劳、干涩、视力下降等问题。此外,虚拟现实设备的屏幕亮度和对比度较高,也会对眼睛造成刺激。

- 长时间佩戴虚拟现实设备可能会对学生的头部和颈部造成压力，导致头痛、头晕、颈部疼痛等问题。此外，虚拟现实设备的重量也可能会对学生的头部和颈部造成负担，影响身体健康。
- 长时间沉浸在元宇宙中，学生可能会忽略身体的运动和休息，导致身体疲劳、免疫力下降等问题。此外，元宇宙中的虚拟场景可能会让学生产生错觉，影响身体的平衡感和协调能力，增加受伤的风险。

② 预防和缓解身体不适的建议

- 学生在使用元宇宙设备时，要注意控制使用时间，每隔一段时间休息一下，让眼睛和身体得到放松。可以进行一些眼部保健操和身体伸展运动，缓解身体疲劳。
- 选择合适的虚拟现实设备，确保设备的舒适度和安全性。可以根据自己的头部和颈部尺寸选择合适的设备，避免设备过紧或过松对身体造成压力。同时，要注意设备的重量和散热性能，避免设备过热对身体造成伤害。
- 家长和学校应引导学生合理安排学习和生活时间，鼓励学生多参加户外活动和体育锻炼，增强身体免疫力。同时，要关注学生的身体状况，及时发现和处理身体不适问题。

和任何新生事物的出现一样，元宇宙外语教学的实施必然遭遇各种问题，但正是这些问题的存在，促使我们更加深入地思考和探索，为元宇宙外语教学的不断发展与完善提供动力。我们应当以积极的态度面对这些问题，通过深入分析和研究，寻找切实可行的解决方案，从而推动元宇宙外语教学迈向新的高度。

第二节
规划与实施

1. 元宇宙外语教学的规划目标

1) 提升外语教学质量与效率，培养学生语言综合运用能力和跨文化交际能力

在元宇宙环境下，通过创新的教学方式和丰富的教学资源，可以为学生提供更加生动、直观的学习体验。虚拟教材中的真实场景模拟和情境互动，以及各种学习场景的拓展能够让学生在实际情境中运用外语，从而提高语言综合运用能力。同时，学生在与不同文化背景的人进行互动的过程中，也能更好地培养跨文化交际能力。这种教学方式不仅可以提高学生的学习兴趣，还能使学习更加高效，从而提升外语教学的质量与效率。

2) 构建创新、互动、沉浸式的外语学习环境，满足学生个性化学习需求

元宇宙技术为外语教学带来了全新的可能性，可以构建出创新、互动、沉浸式的学习环境。通过虚拟现实技术，学生可以身临其境地感受外语学习的场景，增强学习的沉浸感。增加虚拟小组活动、角色扮演、在线辩论等互动环节，使学生能够积极参与到学习中，提高学习的主动性和积极性。此外，利用人工智能技术分析学生学习数据，为每个学生提供精准的个性化学习路径，教师也可以根据学生的个性化需求提供一对一的辅

导和指导，满足不同学生的学习需求。

3）推动外语教学与元宇宙技术深度融合，引领教育数字化转型

随着科技的不断发展，教育数字化转型已成为必然趋势。将外语教学与元宇宙技术深度融合，不仅可以为学生提供更加优质的教育资源和学习体验，还能推动教育模式的创新和变革。通过持续开发与更新虚拟教材、优化资源共享平台、完善评价体系等措施，实现元宇宙外语教学的全面普及和深度应用，引领教育数字化转型，培养适应未来社会需求的国际化人才。

2. 元宇宙外语教学的规划内容

1）教学资源规划

① 持续开发与更新虚拟教材

- 组建专业的教材开发团队至关重要。这个团队需要既熟悉外语学科的最新发展动态，又掌握元宇宙技术特点，从而能够将两者有机结合起来。这样才能确保开发出的虚拟教材既符合外语教学的专业要求，又能充分利用元宇宙技术的优势，为学生提供更加丰富、生动的学习内容。
- 确保虚拟教材涵盖多种外语语种是满足不同学生学习需求的关键。不同学生可能有不同的外语学习目标和兴趣，提供多种语种的虚拟教材可以让学生有更多的选择，更好地满足他们的个性化学习需求。
- 在虚拟教材中融入更多真实场景模拟和情境互动，能够极大地增强学生的学习体验。例如，可以模拟国际商务谈判场景，让学生在虚拟环境中进行外语交流，提高他们的语言实际运用能力；或者设置跨国文化交流活动情境，让学生了解不同国家的文化差异，培养他们的跨文化交际

能力。

② **丰富学习场景**

- 不断拓展外语学习场景,如国际商务谈判、跨国文化交流活动等虚拟场景,可以为学生提供更加多样化的学习体验。这些场景不仅可以帮助学生更好地理解外语在实际生活中的应用,还能提高他们的学习兴趣和积极性。
- 根据不同的教学阶段和学习目标,设计针对性的学习场景。例如,在初级阶段,可以设计一些简单的日常对话场景,帮助学生掌握基础的语言知识和表达能力;在中高级阶段,可以设计一些专业领域的场景,如学术研讨、商务会议等,提高学生的语言综合运用能力。
- 引入动态元素,使学习场景更加生动、逼真,保持学生的学习兴趣。比如,可以在虚拟场景中加入动态的人物、物体和音效等,让学生感觉仿佛置身于真实的环境中,增强学习的沉浸感。

③ **优化资源共享平台**

- 完善元宇宙外语教学资源共享中心的功能,方便教师和学生上传、下载和分享资源。这样可以实现教学资源的最大化利用,提高教学效率。教师可以将自己制作的虚拟教材、教学课件等资源上传到平台上,供其他教师和学生使用;学生也可以将自己的学习成果、心得体会等分享到平台上,与其他同学进行交流和互动。
- 建立资源评价机制,鼓励优质资源的共享和传播。通过对资源进行评价,可以让教师和学生更好地选择优质的教学资源,同时也可以激励资源提供者不断提高资源的质量。评价机制可以包括用户评价、专家评价等多种方式,确保评价的客观性和公正性。
- 定期举办资源分享活动,促进教师之间、学生之间的交流与合作。这些活动可以包括资源展示、经验交流、案例分享等,让教师和学生在交流中互相学习、共同进步。同时，也可以通过这些活动，进一步推广元宇宙外语教学，提高社会对其的认知度和认可度。

2）教学方法规划

① 深化个性化教学

- 利用人工智能技术持续优化学生学习数据的分析。人工智能可以收集学生在学习过程中的各种数据，如答题情况、学习时间、知识点掌握程度等。通过对这些数据的深度分析，能够精准地了解每个学生的学习特点、优势和不足，从而为每个学生提供更加精准的个性化学习路径。例如，对于语法薄弱的学生，可以推荐更多语法专项练习的学习资源；对于口语表达有困难的学生，可以提供更多口语对话的场景模拟。
- 教师根据学生的个性化需求，提供一对一的辅导和指导。在元宇宙教学环境中，教师可以通过虚拟平台与学生进行一对一的交流，了解学生的具体学习情况和需求。针对学生的问题，教师可以制定个性化的教学计划，提供有针对性的辅导和指导。比如，对于准备外语考试的学生，教师可以根据考试要求和学生的实际水平，制定专门的复习计划，帮助学生提高考试成绩。
- 定期评估个性化教学效果，不断调整教学策略。通过对学生的学习进展和成绩进行定期评估，可以了解个性化教学的实际效果。根据评估结果，教师可以及时调整教学策略，优化个性化学习路径，确保教学效果不断提升。例如，如果发现某个学生在某个知识点上的学习效果不理想，教师可以调整教学方法或增加相关的学习资源，以帮助学生更好地掌握该知识点。

② 强化互动式与沉浸式教学融合

- 增加虚拟小组活动、角色扮演、在线辩论等互动环节的多样性和趣味性。虚拟小组活动可以让学生与其他同学合作完成学习任务，培养团队协作能力;角色扮演可以让学生在模拟的情境中运用外语进行交流,提高语言实际运用能力;在线辩论可以激发学生的思维能力和表达能力。这些互动环节不仅可以增加学习的趣味性,还能提高学生的学习积极性和参与度。

- 不断提升虚拟现实技术水平,营造更加真实、沉浸式的语言环境。通过提升虚拟现实技术水平,可以为学生营造更加逼真的语言学习环境。
- 鼓励学生积极参与互动式与沉浸式教学,提高学生的语言实践能力。在教学过程中,教师要积极引导学生参与互动式与沉浸式教学环节。通过给予学生及时的反馈和鼓励,让学生感受到自己的进步和成就,从而提高学生的学习自信心和积极性。同时,学生在参与互动和沉浸的过程中,能够不断地进行语言实践,提高语言的实际运用能力和交际能力。

3）教师发展规划

① 持续开展技术培训

- 定期组织元宇宙技术培训课程。教师需要不断更新自己的知识和技能,才能更好地应对元宇宙技术的不断发展。培训课程应涵盖最新的虚拟教学平台操作、虚拟现实设备使用等内容,让教师熟悉元宇宙教学的工具和方法。例如,学习如何使用虚拟现实头盔进行沉浸式教学,如何在虚拟教学平台上创建互动课程等。
- 邀请专家进行技术讲座和经验分享。邀请元宇宙技术领域的专家进行讲座,介绍最新的技术发展趋势和应用案例。专家的经验分享可以为教师提供新的思路和方法,拓宽教师的技术视野。同时,教师还可以与专家进行交流互动,解决自己在教学中遇到的技术问题。
- 建立教师技术交流平台。为教师提供一个交流和分享技术经验的平台,可以促进教师之间的技术交流与合作。教师可以在平台上分享自己的教学案例、技术心得和问题解决方案，互相学习和借鉴。平台还可以组织技术讨论和在线研讨会，让教师共同探讨元宇宙技术在教学中的应用问题，提高教师的整体技术水平。

② 推进教学理念更新

- 组织教师参加教学理念研讨活动。引导教师转变传统教学观念，适应元宇宙教学模式。在研讨活动中，教师可以共同探讨元宇宙教学的特点和优势，以及如何将元宇宙技术与外语教学有机结合。例如，讨论如何利用虚拟现实技术创设真实的语言学习环境，如何通过互动式教学提高学生的语言运用能力等。
- 鼓励教师开展教学创新实践。探索以学生为中心的教学方法，充分发挥元宇宙技术的优势，提高教学效果。教师可以尝试不同的教学方法和策略，如项目式学习、问题导向学习、合作学习等，让学生在元宇宙环境中积极参与学习活动。同时，教师还可以利用元宇宙技术进行个性化教学，根据学生的学习特点和需求，为每个学生提供定制化的学习方案。
- 建立教学案例库。分享优秀的元宇宙外语教学案例，促进教学方法创新。教学案例库可以收集和整理教师在元宇宙外语教学中的成功案例，包括教学设计、教学过程、教学效果等方面的内容。教师可以通过案例库学习其他教师的教学经验，借鉴优秀的教学方法和策略。同时，案例库也可以为教师提供一个展示自己教学成果的平台，激发教师的教学创新热情。

4）评价体系规划

① 完善多元化评价指标

- 细化涵盖学习过程、学习成果、技术应用能力等多维度的评价指标。在学习过程方面，可考察学生的参与度、学习态度以及合作能力等。对于学习成果，可从语言知识掌握、语言技能提升、跨文化交际能力等方面进行评价。技术应用能力则包括学生对虚拟教学平台的操作熟练程度、利用虚拟现实设备进行学习的能力等。

- 增加对学生创新能力、团队协作能力等综合素质的评价指标。在元宇宙外语教学环境中，学生有更多机会展现创新思维和团队协作精神。可通过观察学生在角色扮演、在线辩论等活动中的表现来评价其创新能力，考察学生在小组项目中的贡献、与队友的沟通协调等方面来评估团队协作能力。
- 根据不同的教学内容和学习目标，调整评价指标的权重。不同的教学内容和学习目标需侧重不同的评价指标，比如在口语教学中更注重口语表达和跨文化交际能力，在写作教学中更注重语法准确性和表达逻辑性。

② 健全动态评价机制

- 加强对学生学习进度的实时跟踪。利用元宇宙教学平台的数据分析功能，及时了解学生学习情况，发现问题及时给予指导和帮助。
- 及时进行阶段性评价和反馈。在教学过程中设置阶段性评价节点，对学生学习成果进行阶段性评估，并将结果及时反馈给学生，教师也可根据评价结果调整教学策略和内容。
- 建立学生学习档案，记录学生学习历程和成长轨迹。学习档案包括学生学习成绩、作业完成情况、参与活动记录、教师评价等内容，学生可回顾学习历程，增强学习信心和动力，教师也可据此为个性化教学提供依据。

3. 元宇宙外语教学的实施步骤

元宇宙技术飞速发展，我们无法穿越时空去预测未来它还能给外语教学带来多少惊喜，但具体的规划能给我们提供行动的指南和方向。在此，我们将实施步骤分为短期、中期和长期三个阶段。

1）短期规划（1—3年）

① 完成虚拟教材的初步开发和部分学习场景的构建

组织专业的教材开发团队，结合外语学科最新发展和元宇宙技术特点，快速推出初步的虚拟教材内容，涵盖主要外语语种的基础知识点，并设计一些简单的真实场景模拟和情境互动，如日常对话场景等。同时，构建部分具有代表性的学习场景，如简单的国际文化交流活动场景，让学生初步体验元宇宙外语学习的魅力。

② 开展教师技术培训和教学理念更新活动

定期组织元宇宙技术培训课程，让教师熟悉最新的虚拟教学平台操作和虚拟现实设备使用方法。邀请专家进行技术讲座和经验分享，拓宽教师的技术视野，使他们了解元宇宙技术在教育领域的应用前景和发展趋势。同时，组织教学理念研讨活动，引导教师转变传统教学观念，认识到元宇宙教学模式的优势和特点，为后续教学实践做好准备。

③ 建立资源共享平台并投入使用

完善元宇宙外语教学资源共享中心的功能，使其具备方便教师和学生上传、下载和分享资源的能力。建立简单的资源评价机制，鼓励教师和学生积极分享优质资源。通过资源共享平台，教师可以快速获取教学所需的虚拟教材、教学课件等资源，学生也可以找到适合自己的学习资料，提高学习效率。

④ 初步建立多元化评价指标体系

确定涵盖学习过程、学习成果、技术应用能力等多维度的初步评价指标，明确评价方法和标准。例如，在学习过程中，可以考察学生的参与度、学习态度等；在学习成果方面，考查学生的语言知识掌握和技能提升情况；在技术应用能力方面，观察学生对虚拟教学平台和设备的操作熟练程度。同时，增加对学生创新能力、团队协作能力等综合素质的初步评价指标，为后续评价体系的完善奠定基础。

2）中期规划（4—5 年）

① 持续优化虚拟教材和学习场景，提高其质量和效果

根据教师和学生的反馈，不断改进虚拟教材的内容和形式。增加更多的真实场景模拟和情境互动，提高教材的趣味性和实用性。拓展学习场景的种类和深度，如增加复杂的国际商务谈判场景、学术研讨场景等，满足不同教学阶段和学习目标的需求。同时，引入更先进的技术手段，使学习场景更加生动、逼真，提高学生的学习体验。

② 深化个性化教学和互动式、沉浸式教学融合

利用AI技术进一步优化学生学习数据的分析，为每个学生提供更加精准的个性化学习路径。教师根据学生的个性化需求，提供更加有针对性的一对一辅导和指导。增加虚拟小组活动、角色扮演、在线辩论等互动环节的多样性和趣味性，鼓励学生积极参与互动式教学。不断提升VR技术水平，营造更加真实、沉浸式的语言环境，让学生在互动和沉浸中提高语言实践能力。

③ 提升教师的技术应用能力和教学创新能力

持续开展教师技术培训，让教师掌握更先进的元宇宙技术应用方法。鼓励教师开展教学创新实践，探索以学生为中心的教学方法。例如，教师可以尝试项目式学习、问题导向学习等教学方法，结合元宇宙技术，让学生在实际项目中运用外语知识，提高解决问题的能力。通过建立教学案例库，分享优秀的元宇宙外语教学案例，促进教师之间的教学方法创新和交流。

④ 完善评价体系，提高评价的科学性和有效性

进一步细化多元化评价指标，根据不同的教学内容和学习目标，调整评价指标的权重。加强对学生学习进度的实时跟踪，利用先进的数据分析技术，及时发现学生在学习过程中存在的问题，并进行阶段性评价和反馈。教师根据评价结果，动态调整教学策略和教学内容，提高教学的针对性和有效性。建立更加完善的学生学习档案，记录学生的学习历程和成长轨迹，为学生的个性化发展提供依据。

3）长期规划（5 年以上）

① 实现元宇宙外语教学的全面普及和深度应用

通过持续的宣传推广和教学实践，使元宇宙外语教学模式在各级各类学校和教育机构中得到广泛应用。不断拓展元宇宙外语教学的应用领域，涵盖从基础教育到高等教育、职业教育等各个阶段。实现元宇宙技术与外语教学的深度融合，让学生在元宇宙环境中进行全方位的外语学习，提高学生的语言综合运用能力和跨文化交际能力。

② 不断探索新的教学模式和方法，引领外语教学的创新发展。

结合元宇宙技术的不断发展和教育理念的更新，持续探索新的教学模式和方法。例如，利用AI技术实现智能辅导和自适应学习，让学生根据自己的学习进度和能力进行个性化学习。开展虚拟跨国合作项目，让学生与国外学生在元宇宙环境中进行合作学习，提高学生的国际视野和合作能力。通过不断创新，引领外语教学的发展方向，为培养适应未来社会需求的国际化人才提供有力支持。

③ 与国内外高校、教育机构广泛合作，共同打造元宇宙外语教育生态系统

分享教学资源和经验，共同开发优质的虚拟教材和学习场景。建立元宇宙外语教育联盟，推动元宇宙外语教育的标准化和规范化发展。通过广泛合作，共同打造一个开放、共享、协同的元宇宙外语教育生态系统，为学生提供更加优质的教育资源和学习环境。

元宇宙为外语教学带来了前所未有的机遇和挑战。通过精心规划，可以充分发挥元宇宙的优势，提升外语教学的质量和效果，使我们能够有针对性地投入资源，积极探索元宇宙技术与外语教学的深度融合。同时，规划也有助于我们应对可能出现的问题和挑战。通过提前规划，我们可以建立相应的保障措施，及时调整策略，确保元宇宙外语教学的顺利进行。

第三节
结语

在本书中，我们开启了一场元宇宙与外语教学融合的奇妙探索之旅。

第一章，从元宇宙这一数字时代的新概念开始，对其进行了全面概述，并探讨了元宇宙与外语教学的融合可能，为后续的研究奠定了基础。

第二章聚焦了 VR 技术的演进以及元宇宙技术从 VR 到数字化生态系统的进化过程，展示了元宇宙带来的创新应用，以及元宇宙技术为外语教学带来的机遇和挑战。

第三章聚焦了外语系的理论与元宇宙的交汇。从行为主义、认知主义和建构主义等不同视角，探讨了在元宇宙数字化环境中，不同的理论观点如何支持学习的创新。

第四章通过对学界和市面上主流的平台、游戏和引擎的介绍，作者展示了如何有效地将元宇宙技术融入外语教学实践，分析了多个元宇宙学习平台或游戏在外语教学中的应用、设计和优势，包括 Second Life、Moodle、Sloodle、Minecraft 和 Roblox。同时，也探讨了 Unity 和 Unreal 这两个 3D 制作引擎在外语教育中的潜力，突出了它们在创造互动式学习体验中的作用。通过对这些平台和引擎的介绍和总结，让读者认识元宇宙为外语学习提供的全新视角和方法，以及它带来的教育创新的可能性。

第五章探讨了元宇宙技术下外语教学实践的关键步骤，包括教学场景构建、教学资源开发、教学方法创新以及评估与反馈几个方面。同时也剖析了元宇宙外语教学中教师和学生的全新角色。此外还分析了元宇宙在外语教学中的支持与前景，包括学校投资、师生素养提升、数据驱动学习、跨国教育合作及创新评估模式，让读者既看到实施所需要的付出，也明确外语教学未来发展方向。

第六章直面元宇宙外语教学中可能出现的问题,并寻求突破,同时也对元宇宙外语教学的实施进行了分阶段的规划。

在这场元宇宙与外语教学融合的奇妙探索之旅中,我们见证了新的理念、技术与教学实践的精彩碰撞。

从对元宇宙概念的全面概述,到 VR 技术的演进以及元宇宙技术向数字化生态系统的进化,我们看到了元宇宙为外语教学带来的广阔机遇与挑战。外语理论与元宇宙的交汇,从不同视角为学习创新提供了有力支撑。通过对主流平台、游戏和引擎的介绍,我们认识到元宇宙在外语学习中提供的全新视角与方法,以及创造互动式学习体验的巨大潜力。

元宇宙为外语教学带来的全新实践方式,重塑了教师与学生的角色,展现出光明的支持与前景。而直面问题并进行分阶段规划,让我们在前进的道路上更加从容。

本书虽为元宇宙与外语教学的融合提供了较为全面而深入的研究,但这仅仅是一个开始。未来,随着技术的不断进步与创新,元宇宙与外语教学的融合将更加深入、广泛。让我们以开放的心态、积极的行动,共同开启外语教学的崭新篇章,为培养适应时代发展的国际化人才而努力,在元宇宙的广阔天地中,书写外语教学的辉煌未来。

写在最后

这本书的写作历程,于我们而言,不只是一项学术任务,更是一次探索未来世界的奇妙冒险,一次深刻的心灵之旅。在这一过程中,我们深切感受到技术的无穷魅力,同时也清楚认识到它带来的诸多挑战。

之所以选择“元宇宙”作为本书的主题,是因为我们看到了它在未来的外语教学中蕴含的巨大潜力。元宇宙所提供的全新学习平台,使语言学习不再是简单的课堂传授,而是让学习者沉浸于真实的语境之中,通过实际操作切实提高语言应用和跨文化交际能力。这无疑是对传统教育模式的一次颠覆性革新。

然而，随着对元宇宙了解的深入，我们也意识到技术发展可能带来的问题，这些问题涉及技术、教学、心理和安全等多个层面。面对问题和挑战，我们深知未来的道路并不平坦，但也相信，只要怀着对教育的热情和对技术的审慎态度，以热情的心去探索教育的本质，我们一定能够找到解决这些问题的途径。

《开启元宇宙之门：外语教学的虚拟创新与实践》这本书不仅是我们对元宇宙在外语教学中的应用的一次深入探讨，也是对未来外语教育的一种殷切展望和深情呼唤。衷心希望这本书能够成为一把钥匙，开启更多人对元宇宙在外语教学乃至整个教育领域应用的深入思考与积极探讨。我们渴望与更多的教育工作者、学者和政策制定者携手同行，勇敢地踏入这片充满未知的领域，以创新为桨，以热情为帆，在元宇宙的浩瀚海洋中探索教育的新航线。我们坚信，随着时间的推移，门后的世界必将绽放出更加绚烂的光彩，让教育在科技的赋能下绽放新的生机与活力。

在这本著作的撰写过程中，我们也深切地感受到了个中的艰辛与喜悦。我们由衷地期盼这本书能够激发读者对元宇宙在教育领域应用的思考和探讨，共同开启新的教育篇章。同时，我们也热切期望这本书能够成为连接读者与未来教育的桥梁，让更多的人参与到教育的创新与发展中来。

在本书完成的这一刻，我们心中既有欣慰，也有惶恐。我们欣慰能够为读者打开一扇门，让他们窥见未来教育的可能性；同时，也惶恐自己是否真的已准备好进入这个充满无限可能的新世界。我们满心期待着与大家共同探索元宇宙在外语教学中的潜力和可能性，携手为教育的未来贡献力量。希望这本书能成为教育变革道路上的一个小路标，为我们指引通往更加美好的未来教育的方向。*

* 感谢重庆大学研究生重点课程（20210609）“跨文化交际英语”对本书的支持。

附录

元宇宙相关术语

元宇宙通用术语

- 元宇宙（Metaverse）：指经由人体感知与人机交互设备（例如，头戴式VR或AR设备、眼镜、手机、脑机接口或其他人体感知、人机交互设备），使用户通过专属数字身份互联，在其中进行社交、工作、娱乐、生产、消费等活动，并实现与现实社会交互、映射和影响的数字虚拟空间和虚实融合社区，具备永续时空、虚实共生、沉浸交互、开放生态等特点。
- 数字孪生（Digital Twin）：指一个实体或系统的数字化表现，即在信息化平台中对现实社会中的对象或系统全生命周期的数字呈现或虚拟映射。它是一个虚拟模型，能够准确反映一个物理对象或过程。数字孪生的实现是一个封装的软件对象或模型，它映射了一个独特的物理对象、过程、组织、人物或其他抽象概念。
- 虚拟现实（Virtual Reality）：指采用以计算机为核心的现代高科技手段生成的逼真的视觉、听觉、触觉、嗅觉、味觉等多感官一体化的数字化人工环境，用户借助一些输入、输出设备，采用自然的方式与虚拟世界的对象进行交互、相互影响，从而产生亲临真实环境的感觉和体验。具备沉浸感（Imersion）、交互（Interaction）、构想性（Imagination）和智能化（Intelligence）的特点。

- 扩展现实（Extended Reality）：指采用以计算机为核心的现代高科技手段生成的虚拟或虚实融合的人机交互环境，通常作为AR、VR、混合现实等多种技术的统称。
- 增强现实（Augmented Reality）：指采用以计算机为核心的现代高科技手段生成的附加信息对使用者感知到的真实世界进行增强的环境，生成的信息以视觉、听觉、味觉、嗅觉、触觉等生理感觉融合的方式叠加至真实场景中。
- 混合现实（Mixed Reality）：指实现真实场景和虚拟场景的混合匹配的技术，场景中的物理对象和虚拟对象共存在且能够实时交互，从而构建出一个真实对象和虚拟对象实时交融的新环境。
- 数字化身（Digital Avatar）：指某人在虚拟世界里的数字呈现或虚拟映射，依据不同的场景或应用，该数字呈现或虚拟映射可以是数字孪生，也可以不是。
- 人机交互（Human-Machine Interaction，HMI）：指通过人（用户）与计算机之间的通信点或接口，基于视觉、听觉、语音、触觉等多模态感知，使人与机器之间能够交互循环信息。除了传统的基本交互和图形交互外，还包括语音交互、情感交互、体感交互及脑机交互等技术。
- 脑机接口（BMI）：指不依赖于外围神经和肌肉等神经通道，直接实现大脑与外界信息传递的通路。从脑电信号采集的角度，一般分为侵入式和非侵入式两大类。脑机接口将真正实现现实世界和元宇宙之间的终极沉浸式互动。

元宇宙技术专业术语

- 云计算(Cloud Computing):指基于互联网,用户按需访问服务商所提供的可配置共享计算资源池(例如,网络、服务器、存储、应用程序、服务等)的技术统称,是元宇宙应用的算力基础之一。
- 互联网数据中心(Internet Data Center,IDC):指利用互联网通信线路、带宽资源,建立标准化的电信专业级机房环境,为使用元宇宙相关政府、企业及个人提供服务器托管、租用及相关增值等方面的全方位服务,是元宇宙应用进行数据操作和信息安全保护的基础设施。
- 物联网(Internet of Things,IoT):指基于标准的和可互操作的通信协议,实现人、机、物等之间信息互联互通的网络基础架构的统称,具备信息实时性、数据可查、信物系统唯一性的特征,是元宇宙相关应用尤其是数字孪生相关应用的关键技术。
- 人工智能(Artificial Intelligence,AI):指利用计算机或由计算机控制的机器,模拟、延伸和扩展人类的智能,感知环境、获取知识并使用知识获得最佳结果的理论、方法、技术和应用系统的统称,是元宇宙技术与元宇宙应用的重要指标和关键技术。
- 区块链(Blockchain):指在对等网络环境下,采用透明和可信规则,以密码为基础,利用分布式数据存储技术建立的不可伪造、不可篡改、不可抵赖及可追溯的块链式数据结构与系统的统称,也是金融及信用体系建设的基础关键技术路线之一。
- 三维图形引擎(3D Graphic Engine):指已编写好的、可由模型生成并输出图像的应用程序或软件,其能够将对三维物体或虚拟场景的数字描述转化为数字图像或位图图像,是内容创作的基础和平台。通过丰富的图形处理能力,它能协助设计者简单快速地完成工作,并带给用户高质量的视觉体验。

- 数字媒体(Digital Media):指以数字的文字、图形、图像、声音、视频影像和动画等多媒体等形式记录、处理、传播、获取过程的信息载体。
- 数据隐私(Data Privacy):指个人或组织的,不宜公开的,需要在数据收集、数据存储、数据查询和分析、数据发布等过程中加以保护的信息。数据隐私是元宇宙发展进程中在监管层面需要重点考虑的关键要素。
- 数字内容风控(Digital Content Risk Control):指通过技术手段和运营策略,识别、阻断不良信息传播,如滥发电子消息、色情内容、犯罪内容、恐怖主内容、政治敏感内容等。
- 大数据可视化(Big Data Visualization):指为帮助人们理解与分析,采用计算机图形和图像处理技术,基于第四范式设计思维、交互设计、自然界面、意义图谱等,对具有体量巨大、来源多样、生成极快、且多变等特征,并且难以用传统数据体系结构有效处理的大规模数据集展开的近观察、短逻辑意义的视觉呈现。

元宇宙应用场景术语及定义

- 网络游戏(Online Game):指通过计算机网络、移动通信网等网络提供的游戏产品和服务。
- 沙盒游戏(Sandbox Game):指游戏地图较大、与NPC或环境互动性强,且可为玩家提供极高自由度与创造力的游戏产品和服务,玩家可以自由地探索、创造和改变游戏中的内容。
- 大型多人在线角色扮演游戏(Massive Multiplayer Online Role-Playing Game,MMORPG):指一种将角色扮演游戏与大型多人网络游戏相融合的电子游戏,玩家在其中可扮演一个虚拟角色,并通过控制该角色的行为在游戏中参与虚拟世界的活动。MMORPG具有一个持续运行的虚拟世界,即便玩家离开游戏,该虚拟世界仍在网络游戏运营商提供的主机服务器里继续存在,并且不断演进,直至游戏终止运作。

- 沉浸式体验(Immersive Experiences):指利用以计算机为核心的现代高科技方法为用户提供虚拟或虚实融合的高仿真场景,使其从视觉、听觉、触觉、嗅觉、味觉等多维度获得感官响应的过程。
- 沉浸式协作(Immersive Collaboration):指实现可与在真实环境中协作体验相比拟的虚拟或AR环境,使用户可以从多感官渠道获得沟通互动的方式。
- 远程呈现(Telepresence):指允许用户以远程的方式在空间中出现,并使其能够对物理现场实时感知或产生影响的技术。
- 数字化资产(Digitized Assets):指现存资产的数字化,即现有资产的数字表现形式或载体,其所有权由经计算机系统二进转化的文本及各种媒体文件形成的电子记录来表达。例如,存储在数字账本上的房地产所有权的电子记录,尽管作为资产的房地产本身存在于电子记录之外,但账本中的电子记录包含了与所有权相关的所有信息。在数字账本上记录资产所有权的电子记录即是数字化资产。
- 数字资产(Digital Assets):指具有经济价值的原生数据,通常为权利或权益的电子记录,该原生数据本身就是资产,原生数据的灭失将导致资产的灭失。该术语不包括基础资产或债务,除非该资产或债务本身是一个电子记录。数字资产与实体资产的区别在于,数字资产本身并不以实体形式存在。例如,电子币是一种数字资产,因为它是一种专门在相应区块链上创建并存储的电子记录。
- 数字资产交易(Digital Asset Trading):指为多形态的数字化资产和数字资产提供创建、投资、拥有、租赁、出售或购买等服务。
- 非同质化代币(Non-Fungible Token,NFT):指基于区块链技术,用于表示数字化资产或数字资产的唯一加密令牌,不同于比特币等同质化代币,具有不可分割、不可替代的特性,使用非同质化代币,为具有特定价值的特定资产安全方便的标识了其在区块链上的所有权。

- 非同质化权益(Non-Fungible Rights,NFR):指一种数字资产或具有独特资产所有权的数字代表,其使用区块链技术、以计算机代码为基础创建,记录基础物理或数字资产的数字所有权,并构成一个独特的真实性证书。NFR是非同质化、独一无二的资产。
- 数字藏品(Digital Collections):指具有唯一性和不可篡改性的、有收藏价值的虚拟产品。一般由企业或个人创作,授权第三方并进行二次加工后通过区块链技术进行认证和加密,通过互联网交易平台进行交易。

参考文献

Abbas, J. R., Chu, M. M. H., Jeyarajah, C., Isba, R., Payton, A., McGrath, B., Tolley, N., & Bruce, I., 2023. "Virtual reality in simulation - based emergency skills training: A systematic review with a narrative synthesis." *Resuscitation Plus* 16: 100484.

Asad, M. M., Naz, A., Churi, P., Guerrero, A. J. M., & Salameh, A. A., 2022. "Mix Method Approach of Measuring VR as a Pedagogical Tool to Enhance Experimental Learning: Motivation from Literature Survey of Previous Study." *Education Research International* 2022: 1-9.

Atal, D., Admiraal, W., & Saab, N., 2023. "360° Video in teacher education: A systematic review of why and how it is used in teacher education." *Teaching and Teacher Education* 135: 104349.

Brown, H. D., 2014. *Principles of language learning and teaching: a course in second language acquisition*. Boston: Pearson Education Inc.

Cevikbas, M., Bulut, N., & Kaiser, G., 2023. "Exploring the Benefits and Drawbacks of AR and VR Technologies for Learners of Mathematics: Recent Developments." *Systems* 11(5): 244.

Chan, C. S., Bogdanovic, J., & Kalivarapu, V., 2022. "Applying immersive virtual reality for remote teaching architectural history." *Education and Information Technologies* 27(3): 4365-4397.

Chen, J. C., 2016. "The crossroads of English language learners, task - based instruction, and 3D multi-user virtual learning in Second Life." *Computers & Education* 102: 152-171.

Chen, J. C., 2020. "The effects of pre-task planning on EFL learners' oral performance in a 3D multi-user virtual environment." *Recall* 32: 232-249.

Christoforou, M., Xerou, E., & Papadima-Sophocleous, S., 2019. "Integrating a virtual reality application to simulate situated learning experiences in a foreign language course." In F. Meunier, J. Van de Vyver, L. Bradley & S. Thouësny (Eds)," *CALL and complexity-short papers from EUROCALL* 2019: 82-87.

Chung, L. Y., 2012. "Incorporating 3D-Virtual Reality into Language Learning." *International Journal of Digital Content Technology and Its Applications* 6: 249-255.

Dalinger, T., Thomas, K. B., Stansberry, S., & Xiu, Y., 2020. "A mixed reality simulation offers strategic practice for pre-service teachers." *Computers & Education* 144: 103696.

Demitriadou, E., Stavroulia, K. E., & Lanitis, A., 2020. "Comparative evaluation of virtual and augmented reality for teaching mathematics in primary education." *Education and Information Technologies* 25(1): 381-401.

Ellis, R., 1985. *Understanding Second Language Acquisition*. New York: Oxford University Press.

Frank, J. A., & Kapila, V., 2017. "Mixed-reality learning environments: Integrating mobile interfaces with laboratory test-beds." *Computers & Education* 110: 88-104.

Frazier, E., & Roloff Rothman, J., 2019. "Language Learning for Global Citizenship with VR360." *Glob. Issues Lang. Educ. News* 111: 14-16.

Horowitz, K. S., 2019. "Video Games and English as a Second Language The Effect of Massive Multiplayer Online Video Games on the Willingness to

Communicate and Communicative Anxiety of College Students in Puerto Rico." *American Journal of Play* 11(3): 379-410.

Jiang, J. G., Li, Q. S., & Guan, X., 2022. "Case study: an international business negotiation course design and implementation of a VR-based experiential learning environment." *Interactive Learning Environments* 32(5): 1-17.

Khan, R. M. I., Ali, A., Kumar, T., & Venugopal, A., 2023. "Assessing the efficacy of augmented reality in enhancing EFL vocabulary." *Cogent Arts & Humanities* 10(1): 2223010.

Kong, W. Y., You, Z. S., Lyu, S., & Lv, X. B., 2024. "Multi-dimensional stereo face reconstruction for psychological assistant diagnosis in medical meta-universe." *Information Sciences* 654: 119831.

Lantolf, J., 2007. "Sociocultural theory: A unified approach to L2 learning and teaching." In J. Cummins & C. Davison (Eds.), *International handbook of language teaching: Part 1*: 693-701. Springer.

Lantolf, J., & Thorne, S., 2006. *Sociocultural Theory and the Genesis of Second Language Development*. New York: Oxford University Press.

Lee, J., Lee, H. K., Jeong, D., Lee, J., Kim, T., & Lee, J., 2021. "Developing Museum Education Content: AR Blended Learning." *International Journal of Art & Design Education* 40(3): 473-491.

Peterson, M., & Jabbari, N., 2022. *Digital Games in Language Learning: Case Studies and Applications (1st ed.).* Routledge. https://doi. org/10.4324/9781003240075.

Lin, C. J., Hwang, G. - J., fu, Q., & Cao, Y.-H., 2020. "Facilitating EFL students' English grammar learning performance and behaviors: A contextual gaming approach." *Computers & Education* 152: 103876.

Marcon, N., 2016. *Exploring minecraft as a pedagogical tool to motivate and enhance girls' literacy practices in the secondary English classroom.* MA. Monash University.

Mubarok, H., Lin, C. J., & Hwang, G. J., 2023. "A virtual reality-based collaborative argument mapping approach in the EFL classroom." *Interactive Learning Environments* 2023: 1-19.

Reinders, H., & Wattana, S., 2014. "Can I Say Something? The Effects of Digital Game Play on Willingness to Communicate." *Language Learning & Technology* 18: 101-123.

Schunk, D. H., 1991. *Learning Theories: An Educational Perspective*. Boston: Pearson Education Inc.

Schunk, D. H., 2020. *Learning theories: An educational perspective (8th ed.)*. Boston: Pearson Education Inc.

Sharma, V., Kalapala, K. K., Sreejana, S., & Murthy, S. V. N., 2023. "Using Literary Texts in Developing Intercultural Competence of Foreign English Language Learners in Virtual Space." *Arab World English Journal Special Issue on CALL* (9): 18-28.

Skinner, B. F., 1984. "The operational analysis of psychological terms." *Behavioral and Brain Sciences* 7(4): 547-553.

Snelbecker, G., 1974. *Learning theory, instructional theory, and psychoeducational design.* McGraw-Hill.

Thompson, L., 2023. "The Virtually Intelligent Negotiator: Building Trust and Maximizing Economic Gain in E-Negotiations." *Current Directions in Psychological Science* 32(5): 347-354.

Tseng, W. T., Liou, H. J., & Chu, H. C., 2020. "Vocabulary learning in virtual environments: Learner autonomy and collaboration." *System* 88:

102190.

Williams, S., 2017. *Understanding second language acquisition, Rod Ellis, 2nd edition*, Oxford University Press, Oxford (2015), x + 365 pp. *System* 69: 183-184.

Yang, Y., Wu, S., Wang, D., Huang, Y., & Cai, S., 2019. Effects of learning activities based on augmented reality on students' understanding and expression in an English class. In M. Chang, H. J. So, L. H. Wong, F. Y. Yu, & J. L. Shih (Eds.), *Proceedings of the 27th International Conference on Computers in Education (pp.685-691).* Taiwan: Asia-Pacific Society for Computers in Education.

Zhu, H., Xu, J., Wang, P. H., Liu, H. Y., Chen, T., Zhao, Z. J., & Ji, L. D., 2023. "The status of virtual simulation experiments in medical education in China: based on the national virtual simulation experiment teaching Center (iLAB-X)." *Medical Education Online* 28(1): 1.

A. Ertmer, P.、J.Newby, T.、盛群力，2004，《行为主义、认知主义和建构主义(上)——从教学设计的视角比较其关键特征》，《电化教育研究》第3期。

蔡苏、焦新月、宋伯钧，2022，《打开教育的另一扇门——教育元宇宙的应用、挑战与展望》，《现代教育技术》第1期。

曹鹭，2022，《三种基本学习理论与教育游戏的设计》，《开放教育研究》第5期。

陈观婷、张震、黄奇，2023，《元宇宙视域下的智慧图书馆：融合人的智慧与物的智能的服务生态》，《图书情报工作》第10期。

陈坚林、秦枫，2024，《试论元宇宙背景下的外语教学研究》，《北京第二外国语学院学报》第1期。

陈威，2007，《建构主义学习理论综述》，《学术交流》第3期。

戴琨，2012，《虚拟现实技术在大学英语浸入式教学模式改革中的应用》，《西安外国语大学学报》第4期。

翟雪松、楚肖燕、王敏娟、张紫徽、董艳，2022，《教育元宇宙：新一代互联网教育形态的创新与挑战》，《开放教育研究》第1期。

范文翔、赵瑞斌，2019，《数字学习环境新进展:混合现实学习环境的兴起与应用》，《电化教育研究》第10期。

樊子牛、王华、何英、胡珊，2010，《基于moodle平台辅助大学英语听力教学的实证研究》，《中国电化教育》第4期。

冯志伟、张灯柯，2023，《数字人文、元宇宙与自然语言处理》，《外语学刊》第6期。

高文，1999，《维果茨基心理发展理论与社会建构主义》，《外国教育资料》第4期。

高媛、刘德建、黄真真、黄荣怀，2016，《虚拟现实技术促进学习的核心要素及其挑战》，《电化教育研究》第10期。

顾小清、宛平、王龚，2023，《教育元宇宙:让每一个学习者成为主角》，《华东师范大学学报（教育科学版）》第11期。

郭亚军、袁一鸣、郭一若、李泽锋，2022，《元宇宙视域下的虚拟教育知识流转机制研究》，《情报科学》第1期。

胡亚希，2012，《虚拟现实技术在非物质文化遗产保护中的应用》，《江西社会科学》第8期。

华子荀、黄慕雄，2021，《教育元宇宙的教学场域架构、关键技术与实验研究》，《现代远程教育研究》第6期。

黄宗植，2004，《西方多元文化教育理论及其实践对我国少数民族教育的启示》，《民族教育研究》第6期。

金莹，2023，《元宇宙时代教师发展与角色嬗变的困境与突破》，《中国教育信息化》第10期。

李海峰、王炜，2015，《基于人本主义理论的教育游戏设计研究——从EGL框架构建到“护林小熊”3D游戏开发概览》，《电化教育研究》第2期。

李海峰、王炜，2016，《基于具身认知理论的在线学习环境设计研究——以小学英语在线虚拟学习社区的设计与开发为例》，《中国远程教育》第2期。

李小平、张琳、赵丰年、陈建珍、许梦幻，2017，《虚拟现实/增强现实下混合形态教学设计研究》，《电化教育研究》第7期。

李颖，2020，《虚拟现实（VR）与外语教学模态再建研究》，《外语电化教学》第1期。

李颖、刘倩，2023，《桌面式虚拟仿真（LiVR）外语文化学习效果研究》，《外语电化教学》第5期。

刘德建、邢璎凡、吴镝、靳帅贞、钟正，2023，《元宇宙推动课程教学改革与实践探索》，《现代教育技术》第10期。

刘革平、高楠、胡翰林、秦渝超，2022，《教育元宇宙：特征、机理及应用场景》，《开放教育研究》第1期。

刘革平、王星、高楠、胡翰林，2021，《从虚拟现实到元宇宙：在线教育的新方向》，《现代远程教育研究》第6期。

刘书亮、刘昕宇，2016，《虚拟现实语境下电影与数字游戏的美学变革》，《当代电影》第12期。

刘晓莹，2009，《基于Moodle平台的〈跨文化外语活动课程〉设计》，硕士学位论文，上海外国语大学。

刘延，2009，《论“行为主义学习理论”及对外语学习的指导意义》，《外语与外语教学》第9期。

罗术通、刘景鑫、冯铁，2020，《虚拟现实在医疗康复中应用的研究》，《中国医疗设备》第3期。

罗伟、李珊珊、田夫、罗胜涛，2005，《虚拟现实技术在医疗中的应用》，《中华医院管理杂志》第12期。

毛佳玳，2022，《智慧教育导向的VR英语跨文化教学模式探究》，《外语电化教学》第3期。

欧阳建平、李气纠，2009，《基于moodle平台的大学英语自主学习活动的设计研究》，《西安外国语大学学报》第4期。

汪成为、祁颂平，1966，《灵境漫话——虚拟技术演义》，清华大学出版社。

王辞晓、李贺、尚俊杰，2017，《基于虚拟现实和增强现实的教育游戏应用及发展前景》，《中国电化教育》第8期。

王建华、李润美，2022，《"元宇宙"视域下基于虚拟现实技术的语言教学研究》，《外语电化教学》第1期。

吴江、曹喆、陈佩、贺超城、柯丹，2022，《元宇宙视域下的用户信息行为：框架与展望》，《信息资源管理学报》第12期。

向安玲、高爽、彭影彤、沈阳，2022，《知识重组与场景再构：面向数字资源管理的元宇宙》，《图书情报知识》第1期。

姚占雷、许鑫，2022，《元宇宙中情境知识的构建与应用初探》，《图书馆论坛》第1期。

徐建、王俊、钟正、张国良、冯思佳，2022，《教育元宇宙时代教师发展的挑战与应对》，《开放教育研究》第3期。

杨宗凯，2022，《元宇宙推动教育的全面数字化转型》，《教育研究》第12期。

曾国屏，1997，《虚拟现实——一项变革认识方法的技术》，《自然辩证法研究》第7期。

张林鍹、辛献杰、崔冰、倪乐波、刘俊、肖田元，2014，《面向汽车产品设计的虚拟现实服务平台研究》，《系统仿真学报》第10期。

张孝飞，2019，《虚拟现实技术在藏族非物质文化遗产保护中的应用研究》，《四川戏剧》第4期。

张震宇、陈毅萍，2021，《3D虚拟环境下EFL学习者词汇习得有效性的实证研究》，《教育语言学研究》第1期。

张枝实，2017，《虚拟现实和增强现实的教育应用及融合现实展望》，《现代教育技术》第1期。

赵书琪，2023，《元宇宙赋能职业教育：价值意蕴、应用机理与实践路径》，《职业技术教育》第1期。

钟正、王俊、吴砥、朱莎、靳帅贞，2022，《教育元宇宙的应用潜力与典型场景探析》，《开放教育研究》第1期。

卓今，2023，《元宇宙的“新现实”与价值重塑》，《社会科学辑刊》第3期。